** Masa Muda Lancar di Vishnuh-Genootschap

"Raja-Prajurit Vishnuh"

Masyarakat Non-Agama

Masa Muda Lancar di Vishnuh-Genootschap

Raja-Prajurit Vishnuh

Pengarang: Vishnuh-Genootschap

C olofon

PENULIS: VISHNUH-GENOOTSCHAP
 Adhipati: R.R. Purperhart
 Putuh Agheng: Attie Dotinga
 © Hak Cipta: Vishnuh-Genootschap
 Hak Cipta: R.R. Purperhart / Lancar Ida-Bagus
 © Bibliografi, foto, dan ilustrasi oleh Vishnuh-Genootschap

Raja-Prajurit Vishnuh

ISI

Masyarakat Non-Agama

Prolog

Raja-Prajurit Vishnuh

Vishnuh-Genootschap: Sebuah Warisan Harapan, Kekuatan, dan Kepemimpinan

Vishnuh-Genootschap adalah sebuah komunitas kuno yang berakar pada kebersamaan, kepercayaan, dan keamanan. Genootschap ini terbentuk sekitar 9000 tahun yang lalu di Sri Lanka, di sekitar seorang pria berdaging dan bertulang yang menyebut dirinya Vishnuh. Dalam bahasa Sansekerta, Vishnuh berarti "dirimu sendiri," "yang berdiri sendiri," atau "individu." Pria autentik ini menarik orang-orang yang tidak puas dengan kondisi hidup mereka pada masa itu. Tanpa menginginkannya, ia menjadi pemimpin mereka dan membimbing mereka menuju kehidupan damai di hutan, jauh dari norma-norma yang telah membatasi mereka.

Salah satu tokoh sentral dalam Vishnuh-Genootschap adalah raja-prajurit Vishnuh, yang juga dikenal sebagai "Prajurit Suci." Sosok legendaris ini mewakili keseimbangan tertinggi antara kekuatan fisik, mental, dan spiritual. Raja-prajurit bukanlah penakluk biasa, melainkan pelindung dan pemimpin spiritual yang memimpin bangsanya dengan belas kasih dan disiplin yang tak tergoyahkan. Gelar ini hanya diberikan kepada orang-orang yang telah membuktikan diri mereka sebagai perwujudan keterampilan fisik dan spiritual dari Vishnuh.

Asal-usul raja-prajurit ini berasal dari masa-masa awal Genootschap, ketika Vishnuh sendiri mengambil peran sebagai pemimpin dan pelindung. Ia membimbing pengikutnya menuju keselamatan di hutan belantara Sri Lanka yang keras, melindungi mereka dari ancaman. Vishnuh dikenal memiliki pengetahuan luar biasa tentang strategi bertahan hidup dan seni bela diri, seperti Pencak-Silat, sebuah gaya bertarung yang terinspirasi oleh perilaku binatang seperti harimau, monyet, dan elang. Teknik-teknik ini tidak hanya ditujukan untuk pertahanan fisik, tetapi juga sebagai sarana untuk mencapai kedamaian dan keseimbangan batin.

Apa yang membedakan raja-prajurit dari pemimpin lainnya adalah keterikatan spiritual yang mendalam. Ia tidak hanya bertarung dengan kekuatan fisik, tetapi juga berdedikasi pada keadilan dan perlindungan kehidupan. Gelar ini diwariskan selama berabad-abad kepada mereka yang membawa kebijaksanaan dan kekuatan Vishnuh dalam diri mereka. Para raja-prajurit tahu bahwa pertempuran terbesar tidak terjadi di medan perang, tetapi di dalam jiwa manusia. Mereka sering memilih solusi damai dan hanya menggunakan kekerasan sebagai upaya terakhir untuk melindungi rakyat mereka.

Vishnuh juga memperkenalkan Kunci Batin, sebuah teknik untuk merangsang kemampuan penyembuhan alami tubuh melalui teknik pernapasan, ilmu titik tekan Jawa, dan pengobatan herbal. Metode-metode ini mendukung kesejahteraan fisik serta pertumbuhan spiritual komunitas. Melalui aturan hidup ini, anggota Genootschap dapat berkembang dengan bebas.

Setelah meninggalkan Kepulauan Hindia, Genootschap ini, setelah perjalanan panjang melintasi Samudra Hindia dan melalui Afrika, menemukan rumah baru di hutan belantara Suriname bagian selatan. Gurubesar saat ini (pemimpin dan pewaris) memimpin Genootschap dengan prinsip yang sama tentang keamanan, kepercayaan, dan belas kasih yang diperkenalkan oleh Vishnuh. Pada tahun 1979, ia membawa warisan Vishnuh ke Belanda dan seluruh dunia, untuk berbagi pengetahuan dan kebijaksanaan yang kaya sebagai hadiah penuh kasih.

Seperti raja-prajurit di masa lalu, Gurubesar saat ini, Lancar Ida-Bagus, memimpin Vishnuh-Genootschap dengan integritas, tanggung jawab, dan dedikasi. Ia menginspirasi para pengikutnya untuk tidak hanya merawat diri mereka sendiri, tetapi juga saling mendukung satu sama lain. Jumlah anggota telah berkembang menjadi lebih dari 9000, tersebar di seluruh Belanda dan bagian lain dunia, yang menikmati bimbingan bijak dari Gurubesar mereka.

Vishnuh-Genootschap bukanlah sekte, karena tidak ada kepercayaan pada dewa-dewa. Fokusnya adalah saling peduli, kebersamaan, dan berbagi apa yang dimiliki. Setiap orang bertanggung jawab atas kehidupannya sendiri dan didorong untuk tetap setia pada diri mereka sendiri. Kekuatan dari keaslian dan hidup damai satu sama lain merupakan inti dari genootschap ini.

Pada dasarnya, raja-prajurit melambangkan kesatuan tertinggi antara kekuatan, kebijaksanaan, dan spiritualitas. Warisan ini terus hidup dalam generasi saat ini, di mana Gurubesar terus memimpin komunitasnya dengan nilai-nilai keadilan, belas kasih, dan kekuatan spiritual yang sama.

Gurubesar Lancar Ida-Bagus

Kisah Lancar dimulai dengan duka. Dia ditinggalkan oleh orang tua kandungnya di Paramaribo, di bawah perlindungan sebuah teater, di mana kakek-neneknya menemukannya dan membawanya ke selatan, kemudian menamainya Lancar.

Kemudian, orang tuanya menyesal dan akhirnya mengakui dia, memberi nama Roberto Rudie Purperhart. Namun, terlepas dari penyesalan orang tuanya, genootschap menolak untuk mengembalikan Lancar kepada mereka. "Sekali dibuang tetap dibuang," demikian alasan genootschap. Dalam pandangan mereka, Lancar sekarang adalah milik Vishnuh-Genootschap, karena mereka yang menemukannya, dan dia menjadi milik penemu yang jujur. Sikap tegas ini mencerminkan keyakinan genootschap bahwa mereka memiliki tanggung jawab untuk merawat dan melindungi Lancar, apa pun keadaannya.

Orang tua Roberto dengan bijak memilih untuk tidak menentang genootschap dan menutup diskusi. Mereka memahami tekad genootschap dan kompleksitas situasi. Meski sulit bagi mereka untuk tidak memiliki Roberto bersama mereka, mereka mengakui otoritas genootschap dan memutuskan untuk menghindari konfrontasi lebih lanjut. Keputusan mereka untuk menutup diskusi menunjukkan kesediaan mereka untuk menjaga perdamaian dan menerima situasi sebagaimana adanya.

Lancar (Roberto) tumbuh di dalam Vishnuh-Genootschap, sebuah lingkungan yang membentuk dirinya menjadi seperti sekarang.

Seiring pertumbuhannya di dalam Vishnuh-Genootschap, Lancar diperkenalkan dengan keyakinan dan praktik komunitasnya. Genootschap, yang dipimpin oleh kakeknya dan para pemimpin spiritual lainnya, menawarkan lingkungan yang penuh pengabdian dan disiplin, tetapi juga dengan aturan dan harapan yang ketat.

Lancar mempelajari nilai-nilai kesetiaan, spiritualitas, dan kebersamaan, tetapi di saat yang sama dia mulai mempertanyakan dogma dan batasan yang diberlakukan oleh genootschap kepada para anggotanya.

Saat mendalami ajaran filosofis genootschap, Lancar mulai memahami kompleksitas spiritualitas dan kepercayaan pada alam. Ia menghargai kedalaman praktik spiritual yang dijalaninya, tetapi juga merasakan dorongan batin untuk mengeksplorasi lebih banyak dan menemukan jalannya sendiri dalam spektrum keyakinan dan kepercayaan.

Struktur kaku genootschap mulai membatasi dirinya, dan dia merindukan kebebasan lebih untuk menjalani perjalanan spiritualnya sendiri.

Dia mulai mengajukan pertanyaan, tidak hanya kepada para pemimpin genootschap tetapi juga kepada kakeknya ketika masih hidup, dan kepada dirinya sendiri, tentang hakikat kebenaran dan tujuan pencarian pencerahannya.

Meskipun Lancar memiliki rasa hormat yang mendalam terhadap tradisi dan sejarah genootschap, dia merasakan kebutuhan untuk mengikuti jalannya sendiri dan menemukan jawabannya sendiri.

Konflik batin ini membawanya pada perjalanan penemuan diri dan pertumbuhan, di mana dia meragukan keyakinan dan nilainya sendiri, dan mencari pemahaman yang lebih dalam tentang dirinya sendiri dan tempatnya di dunia.

Meskipun tetap setia pada genootschap, Lancar mulai merindukan identitas dan kebebasan di luar batas-batas komunitas Vishnuh. Dia merasakan dorongan batin untuk mengeksplorasi dunia di luar kerangka yang dikenal dan menemukan jalannya sendiri.

Konflik batin ini didorong oleh otoritas di dalam Vishnuh-Genootschap. Ia didorong untuk menghadapi tantangan dalam hidupnya, dan genootschap berjanji akan mendukungnya dalam menemukan kebenarannya sendiri.

Lancar memutuskan untuk tetap setia pada tradisi dan harapan genootschap, tetapi juga memilih untuk mengikuti jalannya sendiri dan menemukan kebenarannya sendiri.

Ini menandai awal dari perjalanan penuh tantangan, penemuan diri, dan pertumbuhan bagi Lancar.

Lancar memang seorang anak yang istimewa, dibentuk oleh tradisi mendalam dari latar belakang Jawa-nya serta keragaman yang hidup dari Vishnuh-Genootschap. Di komunitas ini, tempat budaya dan warisan saling terjalin, ia mengembangkan identitas yang unik. Masa kecilnya dikelilingi oleh berbagai pengaruh budaya, yang membantunya untuk merangkul berbagai perspektif dan memperluas cakrawalanya.

Keberagaman desa tempat ia tumbuh mencerminkan kekayaan budaya yang bercampur di dunia sekitarnya. Aroma masakan eksotis, suara berbagai bahasa dan musik, serta keterkaitan antarwarga menciptakan lingkungan yang menarik di mana Lancar berkembang. Lingkungan ini tidak hanya mengajarkannya untuk membangun jembatan antara budaya-budaya yang berbeda, tetapi juga untuk berdiri kokoh dalam keunikan dirinya sendiri.

Selain prestasi akademisnya dan kehausan akan pengetahuan, Lancar juga dikenal karena sifat cerianya. Humornya selalu menjadi titik terang dalam kehidupan orang-orang di sekitarnya. Ia memiliki kemampuan untuk meringankan momen-momen tegang atau suram dengan senyum atau lelucon yang tepat waktu. Keterampilan sosialnya dan pesona alaminya membuatnya dicintai oleh siapa saja yang bertemu dengannya. Entah saat ia melontarkan lelucon di pertemuan atau memberikan telinga yang mau mendengar, ia adalah sumber kebahagiaan dan penghiburan bagi banyak orang.

Rasa ingin tahunya yang intelektual juga membedakannya. Meskipun ia tidak selalu mengikuti pelajaran agama tradisional di sekolah, rasa ingin tahunya sangat terlihat. Ia sering tenggelam dalam buku-buku di perpustakaan Vishnuh-Genootschap, dan minatnya melampaui batasan ruang kelas. Ia adalah seorang otodidak, selalu mencari pengetahuan baru dan cara untuk memperdalam pemahamannya tentang dunia. Hal ini memungkinkannya untuk memahami topik-topik yang kadang-kadang belum tersentuh oleh teman-teman sebayanya.

Namun, Lancar juga memiliki sisi nakal. Di balik sikap serius dan rasa ingin tahunya yang tinggi, tersembunyi jiwa petualang. Ia suka bereksperimen, terkadang hingga membuat orang tua dan gurunya khawatir. Namun, eksperimen-eksperimen ini adalah ungkapan dari rasa ingin tahunya dan keinginannya untuk lebih memahami dunia.

Keseimbangan antara pencarian intelektualnya yang serius dan petualangannya yang penuh kegembiraan menjadikan Lancar pribadi yang serba bisa dan menarik. Ia bukan hanya seorang murid kehidupan, tetapi juga seseorang yang menginspirasi orang lain melalui humornya, kebaikan hatinya, dan semangatnya yang tak kenal lelah untuk belajar.

Sisi nakal Lancar sering muncul dalam dorongannya untuk penemuan dan petualangan. Lancar tidak takut mengambil risiko dan terkadang melanggar aturan, sering kali didorong oleh keinginannya akan kegembiraan dan pengalaman baru. Meskipun tingkah lakunya terkadang menimbulkan masalah, itu juga merupakan tanda dari semangat hidupnya yang ceria dan tekadnya untuk menjelajahi dunia di sekelilingnya.

Pada tahun 1969, Gerrit M. van Praag, seorang ahli bahasa Belanda yang dihormati, bergabung dengan Genootschap Vishnuh.

Pengetahuannya yang mendalam tentang bahasa Belanda, sejarah Eropa, dan ilmu sosial membuatnya segera menjadi anggota yang berharga dalam komunitas tersebut. Melalui erudisinya dan keterlibatannya, ia mendapatkan rasa hormat yang besar di antara para anggota.

Atas permintaan genootschap, Van Praag diberi tugas terhormat untuk mengajar Roberto dalam bidang-bidang ini. Pendampingan edukatif ini dianggap sebagai investasi penting dalam masa depan genootschap, di mana keahlian Van Praag memainkan peran krusial dalam pembentukan perkembangan intelektual Roberto.

Inisiatif ini tidak hanya mencerminkan upaya Genootschap Vishnuh dalam berbagi pengetahuan dan pendidikan, tetapi juga dedikasi mendalam Van Praag dalam menyebarluaskan pengetahuannya. Perannya lebih dari sekadar pengajaran; itu adalah simbol dari jembatan yang ingin ia bangun antara berbagai tradisi budaya dan intelektual. Melalui pelajarannya, ia berkontribusi pada pengembangan saling pengertian dan menciptakan lingkungan belajar di mana penghormatan terhadap berbagai perspektif dan latar belakang menjadi pusat. Kontribusi edukatifnya dengan demikian tidak hanya memperkuat basis intelektual genootschap, tetapi juga dialog antarbudaya.

Sekolah Dasar

Pada usia tujuh tahun, Lancar langsung masuk ke kelas empat sekolah dasar di luar Genootschap Vishnuh. Ini adalah keputusan yang luar biasa, dan ada kesepakatan yang jelas dibuat dengan kepala sekolah, terutama mengingat kematian baru-baru ini dari kakek Lancar, sosok penting dalam hidupnya. Langkah baru ini berarti perubahan besar bagi Lancar. Hingga saat itu, ia telah menghabiskan seluruh masa kecilnya di dalam lingkungan terlindungi genootschap, di mana ia dikelilingi oleh wajah-wajah dan nilai-nilai yang akrab. Sekarang, ia menghadapi tantangan dunia yang lebih luas, dengan orang-orang, ide-ide, dan harapan baru.

Transisi ke sekolah dasar reguler membawa berbagai tantangan bagi Lancar. Ia harus menyesuaikan diri dengan lingkungan baru, teman sekelas baru, dan sistem pendidikan yang berbeda. Ini adalah proses belajar di mana ia harus menemukan kembali dirinya dan beradaptasi dengan lingkungan barunya.

Untuk pertama kalinya, Lancar terpapar pada kelompok orang dan ide yang beragam di luar batas-batas genootschap. Meskipun ini menyegarkan, itu juga membawa tantangan, terutama karena ia sudah terbiasa dengan lingkungan terlindungi dari genootschap.

Ia berjuang untuk menemukan tempatnya di lingkungan baru ini dan membangun hubungan dengan teman sekelasnya. Meskipun tantangan ini ada, perpindahan ini juga membawa Lancar perasaan kebebasan dan kemandirian. Ia mulai membentuk identitasnya sendiri terlepas dari aturan ketat dan harapan genootschap.

Lancar bertekad untuk menapaki jalannya sendiri di dunia, dengan semangat ingin tahu dan hasrat untuk petualangan. Ia menyambut peluang yang berada di luar lingkungan akrabnya dan terbuka untuk segala sesuatu yang ditawarkan hidup, sementara pada saat yang sama menghargai dan menghormati akarnya di dalam genootschap.

Meskipun ia baru berusia tujuh tahun, Lancar terbukti tajam berpikir dan jauh lebih dewasa daripada yang bisa diharapkan dari usianya, yang membantunya menyesuaikan diri dengan cepat di lingkungan barunya. Para guru terkejut dengan bahasa Belanda yang fasih ia bicarakan. Penguasaan bahasanya sangat mengesankan dan segera menarik perhatian. Fakta bahwa ia bisa berkomunikasi dengan cepat dan akurat dalam bahasa Belanda mengejutkan dan sekaligus mengintrikasi mereka. Keterampilan bahasanya, dikombinasikan dengan tekad dan kemampuan belajarnya, tidak hanya menimbulkan rasa hormat tetapi juga kecemburuan di antara beberapa teman sekelas. Namun, rasa hormat dari para gurunya tetap kuat, sementara mereka mengakui bahwa Lancar memiliki sesuatu yang istimewa untuk ditawarkan dalam perjalanan akademisnya.

Para guru tidak menyadari bahwa Lancar telah mengikuti pelajaran bahasa Belanda dan mata pelajaran lain di dalam Genootschap Vishnuh. Ini menjelaskan setelahnya keterampilan bahasanya yang menakjubkan, tetapi pada saat itu tetap menjadi teka-teki bagi mereka. Kesadaran bahwa ia sudah aktif belajar bahasa Belanda dan mata pelajaran lain di luar institusi pendidikan formal semakin memperkuat kekaguman mereka.

Meskipun mereka jarang melihatnya, tekad dan dedikasinya terhadap pendidikannya meninggalkan kesan yang mendalam. Apa yang awalnya dianggap sebagai bakat bawaan ternyata merupakan hasil dari persiapan yang direncanakan dan terarah dalam komunitasnya. Penemuan ini menambah kekaguman terhadap Lancar, yang tidak hanya unggul dalam prestasi belajar, tetapi juga menunjukkan disiplin dan dedikasi yang melampaui usianya.

Bahwa Lancar mampu melawan dengan baik dan dengan taktik berhasil mengalahkan pengganggu-nya segera menjadi jelas. Ketajaman pikirannya dan tekadnya memberinya kemampuan untuk menghadapi tantangan dan perlawanan yang dihadapinya dengan cara yang cerdas dan strategis. Dengan kombinasi semangat juang, perencanaan yang matang, dan kadang-kadang bentuk balas dendam yang nakal, ia berhasil bertahan dan bahkan mengalahkan lawan-lawannya.

Meskipun pendekatannya terkadang bersifat main-main dan menantang, itu mencerminkan kecerdikannya dan semangat yang membara dalam membela dirinya sendiri. Lancar tidak mudah dipermalukan dan selalu menemukan cara kreatif untuk menemukan jalannya, bahkan dalam situasi konflik yang paling sulit. Ketekunannya untuk membela diri dan melindungi kepentingannya membuatnya bukan hanya lawan yang tangguh, tetapi juga sekutu yang patut dikagumi bagi mereka yang mampu mendapatkan rasa hormatnya.

Nona Annie

Sejak kelas empat di sekolah dasar, Lancar sering kali diganggu oleh seorang guru wanita, yang sangat mengganggu dirinya. Didorong oleh tekad dan keinginan akan keadilan, Lancar mulai berpikir mendalam tentang bagaimana ia bisa membalasnya. Pikirannya dipenuhi dengan strategi dan rencana, sementara ia mempertimbangkan dengan cermat langkah-langkah yang harus diambil untuk menghadapi penggangunya dengan cara yang tepat. Lancar tidak membiarkan dirinya terintimidasi oleh kekuatan penyerangnya, tetapi menggunakan kecerdikan dan tekadnya untuk merancang rencana yang akan membuatnya tahu tempatnya.

Meskipun gagasan balas dendam mungkin terdengar nakal, bagi Lancar itu adalah masalah keadilan. Ia bertekad untuk membela diri dan memperjuangkan martabatnya sendiri, dan ia tidak akan berhenti sebelum menunjukkan kepada lawannya bahwa dia tidak bisa bertindak tanpa konsekuensi. Didorong oleh tekadnya dan komitmen untuk membela diri, Lancar terus melanjutkan rencananya untuk menghadapi pengganggu-nya.

Ia tahu bahwa ia harus bertindak dengan cerdas dan sabar, menunggu saat yang tepat untuk menyerang. Lancar mulai mengumpulkan informasi, mengamati pola dan kelemahan guru tersebut, dan menganalisis perilakunya dengan cermat. Ia tahu bahwa ia harus menyerangnya dengan cara yang membuatnya merenungkan tindakannya dan menyadari bahwa ia tidak bisa bertindak tanpa konsekuensi.

Suatu hari, saat ia melewati sekolah dengan seorang pejuang senior di gerobak sapi, ia merencanakan sebuah rencana brilian. Menariknya, hari berikutnya kebetulan adalah ulang tahun Nona Annie. Lancar melihat ini sebagai tanda, sebuah kesempatan untuk membalas dendam.

Ia merasa bahwa ia tidak bisa membiarkan Nona Annie terus-menerus tidak mendapatkan hukuman atas tindakan intimidasinya. Kali ini akan berbeda. Ia ingin memberi Nona Annie pelajaran, sehingga ia memahami bahwa tindakan tersebut memiliki konsekuensi. Ia merencanakan strategi yang cerdas dan dipikirkan dengan baik untuk menghadapi Nona Annie pada hari ulang tahunnya, dengan cara yang akan menunjukkan bahwa ia tidak bisa bertindak tanpa konsekuensi.

Lancar melompat dari gerobak dan berlari menuju pohon Awarab, di mana ia mengumpulkan duri-duri terpanjang dan tajam yang bisa ia temukan. Selanjutnya, ia menyelinap masuk ke dalam ruang kelas dan dengan hati-hati menempatkan duri-duri tersebut di bawah kursi Nona Annie.

Nona ini telah berulang kali mempermalukan Lancar di depan kelas, tetapi kini ia melihat kesempatan untuk membalas dendam. Ia merasa sudah saatnya peran dibalikkan. Temannya, seorang sahabat yang selalu siap untuk bercanda, mendukungnya dan menganggap rencana itu brilian.

Bersama-sama, mereka dengan hati-hati menempatkan duri-duri tajam di tempat guru, menyadari bahwa akibatnya tidak akan lama datang. Dengan perasaan antisipasi yang bersemangat, mereka kembali ke rumah, penuh harapan untuk hasil mengejutkan dari tindakan berani Lancar.

KEESOKAN HARINYA, LANCAR bangun lebih awal dari biasanya, dipenuhi dengan kegembiraan tentang apa yang akan dibawa hari itu. Dia tidak ingin melewatkan satu momen pun dan pergi ke sekolah dengan tekad dan tujuan yang jelas. Namun, sebelum meninggalkan rumah, dia melakukan pemberhentian singkat di tepi air, mencari kerikil halus yang berkilau.

Dia mengumpulkan segenggam kerikil putih bersih dan menyimpannya dengan hati-hati di dalam kantong kecilnya. Setibanya di sekolah, Lancar melihat pemandangan yang familiar di halaman sekolah: anak-anak yang bermain dan tertawa. Bagi mereka, ini adalah ritual sehari-hari yang penuh kesenangan dan tanpa beban, tetapi Lancar tidak tertarik. Dia selalu berada di latar belakang dan tidak pernah ikut serta dalam permainan tersebut.

Anak-anak yang bermain di sana dia anggap sebagai jahat, licik, dan kekanak-kanakan. Dia melihat perilaku mereka sebagai dangkal dan merindukan kedalaman yang dia cari dalam persahabatan dan interaksi. Sementara yang lain menikmati permainan polos mereka,

Lancar sering merasa seperti orang luar, dipandu oleh jalannya sendiri dan dunia batin yang melampaui kebahagiaan sederhana dari halaman sekolah.

Anak-anak itu sangat taat beragama dan sering kali bahkan tidak sepenuhnya memahami ide-ide mereka sendiri, apalagi mereka bisa memahami Lancar. Didikan mereka dan pengaruh lingkungan mereka telah membentuk mereka menjadi individu yang mengikuti keyakinan yang diajarkan tanpa banyak pertanyaan. Ada sedikit ruang untuk perspektif lain atau pemikiran kritis.

Lancar, dengan didikan pribadinya di dalam Vishnuh-Genootschap dan berbagai ide serta pelajaran yang dia terima di sana, merasa semakin terasing dari dunia mereka. Dia telah belajar untuk memandang berbagai pandangan hidup dengan terbuka, tetapi kurangnya keterbukaan yang sama di antara teman-teman seusianya membuatnya frustrasi. Dunia mereka tampak begitu terbatas dan tertutup, sementara dia mendambakan lebih banyak pemahaman dan kedalaman, sesuatu yang tidak dia temukan pada mereka.

Dengan latar belakang uniknya dan pengetahuan mendalam, Lancar kemungkinan akan menjadi misteri bagi teman-teman sekelasnya. Ide-ide dan tindakannya bisa dengan mudah dianggap aneh atau bahkan mengancam dalam kerangka keyakinan mereka yang ketat. Kurangnya pemahaman ini menyulitkan mereka untuk terhubung dengannya, yang menyebabkan kebingungan dan jarak yang lebih besar.

Oleh karena itu, Lancar memilih untuk tetap berada di jarak. Dia bertekad untuk menjalani jalannya sendiri dan tidak terpengaruh oleh pendapat orang lain. Sementara teman-teman seusianya sibuk dengan permainan sehari-hari dan dinamika sosial mereka, dia mencari cara untuk meningkatkan pengetahuan dan pengembangan diri, jauh dari hubungan dangkal yang tidak menarik baginya. Ini memperkuat rasa individualitasnya dan keinginannya untuk memahami dunia di sekelilingnya dengan lebih dalam.

Bel sekolah berbunyi, dan seperti kawanan keledai, anak-anak berlarian masuk ke kelas. Mereka semua siap untuk menyanyikan lagu ulang tahun, dengan segenggam beras di tangan mereka untuk ditaburkan di atas guru yang berulang tahun, sebuah isyarat untuk kemakmuran dan kebahagiaan seperti biasa. Namun di tengah kerumunan, ada juga Lancar, dengan rencananya sendiri, tangannya penuh dengan kerikil halus yang berkilau. Sementara anak-anak berkumpul dengan beras di tangan untuk melaksanakan ritual ulang tahun tradisional, Lancar berdiri di sana dengan senyuman rahasia di wajahnya dan kantong kecilnya yang penuh kerikil terjepit erat.

Saat suara ceria memenuhi kelas, Lancar merasakan gelombang ketegangan dan kegembiraan. Dia selalu memiliki sedikit nakal dalam dirinya, dan kesempatan ini adalah kesempatan sempurna untuk menjalani petualangan kecil. Ketika anak-anak mengangkat tangan mereka untuk menaburkan beras ke atas guru, dia memutuskan untuk menggunakan kerikilnya untuk kejutan yang tak terduga.

Dia bertekad untuk memberikan sentuhan pribadinya pada perayaan dan telah merencanakan kejutan unik untuk guru Annie, meskipun mungkin tidak sepenuhnya sesuai dengan norma-norma sekolah.

Lancar menunggu dengan sabar sampai Ibu Annie berdiri di depan kursinya. Tatapannya tenang dan penuh tekad, siap untuk bergerak.

Pada saat anak-anak melemparkan beras ke arah guru, Lancar juga melakukan bagiannya dengan melakukan tindakan serupa menggunakan kerikil yang tampak seperti beras. Suara kerikil yang beradu dengan guru dan kursinya memenuhi kelas dengan gema tajam.

BU ANNIE, YANG TERKEJUT oleh serangan mendadak, tidak dapat menahan jeritan kaget saat dia mundur. Dengan ekspresi sakit di wajahnya, dia jatuh dengan keras ke kursinya, gaun cantiknya sedikit kusut akibat jatuh yang tiba-tiba. Gelombang kebingungan melanda kelas saat anak-anak terkejut menyaksikan adegan yang tidak terduga itu. Beberapa meledak dalam tawa gugup, sementara yang lain khawatir menatap bu guru untuk memastikan apakah dia baik-baik saja.

Lancar, dengan campuran kegembiraan dan kegugupan, menahan napas, menunggu apa yang akan terjadi setelah tindakannya yang berani. Kelas dipenuhi dengan jeritan memilukan dari Bu Annie, yang tiba-tiba tidak berani untuk berdiri. Ketegangan di udara terasa nyata, dan anak-anak saling bertukar tatapan, beberapa penuh hiburan dan yang lain penuh kekhawatiran.

Terkejut oleh teriakan Bu Annie, beberapa guru bergegas datang untuk melihat apa yang terjadi. Dengan ngeri, mereka segera melihat penyebab rasa sakitnya: duri tajam yang Lancar letakkan di bawah kursinya telah menancap dalam ke bokongnya. Tanpa ragu, Bu Annie dibawa pergi bersama kursinya ke kantor kepala sekolah. Rasa sakit di wajahnya jelas terlihat saat dia berjuang dengan setiap gerakan.

Setibanya di kantor kepala sekolah, segera dipanggil dokter untuk mengeluarkan duri dari bokongnya, sementara peristiwa hari itu membuat sekolah dalam keadaan terguncang. "Meskipun tindakan Lancar dipikirkan dengan matang, itu tidak tanpa konsekuensi. Sementara dokter berusaha mengeluarkan duri dari bokongnya, Bu Annie mengeluh kesakitan dan malu. Wajahnya berkerut tidak nyaman saat dia mengalami konsekuensi dari tindakannya sendiri."

Lancar telah merencanakan strateginya dengan hati-hati, menyadari bahwa dia sedang berjalan di atas es tipis. Dia merasa tidak memiliki pilihan lain selain memberikan pelajaran kepada gurunya, Bu Annie, setelah perilakunya yang manipulatif, tidak hanya terhadap dirinya tetapi juga terhadap siswa lainnya. Meskipun biasanya dia tidak menginginkan balas dendam, dia merasa bahwa permainan kekuasaan dan penghinaan yang terus-menerus itu memerlukan tindakan drastis.

Saat dokter sedang mengeluarkan duri dari bokongnya, Bu Annie mengeluh kesakitan dan malu. Setiap tusukan dari alat medis tidak hanya menyebabkan rasa sakit fisik, tetapi juga melukai harga dirinya. Sikapnya yang selalu percaya diri sepenuhnya menghilang, dan alih-alih, dia terbaring tak berdaya di meja pemeriksaan. Wajahnya berkerut tidak nyaman saat dia menjalani konsekuensi dari tindakan sendiri. Dia tahu ini adalah kesalahannya, tetapi rasa malu untuk mengakuinya tak tertahankan.

Ruangan itu sunyi, hanya terdengar desahan lembut dari peralatan dan keluhan terpendamnya. Lancar, yang mengamati dari kejauhan, tidak dapat menahan perasaan puas. Bukan karena dia menikmati rasa sakitnya, tetapi karena dia tahu ini adalah momen keadilan yang jarang terjadi. Bu Annie telah lama menyalahgunakan kekuasaannya, dan sekarang, untuk pertama kalinya, dia mengalami sebagian dari konsekuensi yang telah diderita orang lain di bawah kekuasaannya.

Situasi ini memalukan baginya di berbagai tingkat. Tidak hanya ketidaknyamanan fisik dari duri yang telah menancap dalam ke dagingnya, tetapi juga kenyataan bahwa dia, Bu Annie yang kuat dan otoriter, sekarang bergantung pada orang lain untuk menyelamatkannya dari situasi sulit ini. Ini membuatnya rentan dengan cara yang tidak biasa, dan kerentanan itu membawa dimensi baru dari rasa malu. Para siswa, yang biasanya menghormatinya dengan rasa takut dan hormat, mungkin tidak akan pernah melihatnya dengan cara yang sama lagi.

Dokter, tenang dan profesional, terus bekerja tanpa berkata terlalu banyak, tetapi bahkan dia tampaknya tidak dapat mengabaikan ironi situasi ini. Bu Annie, wanita yang selalu tampak tak terjangkau dan ketat, sekarang terbaring dalam posisi yang paling tidak nyaman dan memalukan yang bisa dibayangkan. Ini adalah momen keadilan yang hening, di mana peran sejenak terbalik.

LANCAR, MESKIPUN DIA telah mencapai tujuannya, tidak bisa menolak perasaan keraguan saat melihat penderitaan Bu Annie. Ketika dia melihatnya tergeletak di sana, mengerang karena sakit, dia merasakan getaran ringan di seluruh tubuhnya. Keteguhannya sejenak terganggu oleh emosi yang tak terduga: keraguan. Dia selalu percaya bahwa dia harus mencari keadilan, tetapi sekarang dia bertanya-tanya apakah dia telah melampaui batas itu. Tindakan yang dilakukannya saat itu terasa logis dan perlu, tetapi saat dia mengamati penderitaan Bu Annie, dia mulai meragukan keabsahan tindakannya sendiri.

Dia menyadari bahwa membalas dendam telah memenuhi rasa keadilannya, tetapi juga telah menyebabkan jenis rasa sakit yang lain, yang tidak dia perkirakan. Itu bukan rasa sakit fisik untuk dirinya sendiri, tetapi lebih merupakan kegelisahan batin, suara lembut dari belas kasih yang berusaha dia tekan. Meskipun perilaku manipulatif Bu Annie telah menyebabkan banyak rasa sakit baginya dan orang lain, dia sekarang menyadari bahwa menyebabkan penderitaan fisik mungkin bukan cara yang benar untuk memulihkan keseimbangan. Ada sesuatu yang tidak nyaman tentang situasi itu, sesuatu yang tidak dia harapkan untuk dirasakan.

Meskipun tindakan Bu Annie tidak dapat dibenarkan, Lancar merasakan kepedihan untuk situasinya. Meskipun dia telah memperlakukan dirinya dan orang lain dengan tidak adil selama bertahun-tahun, momen kerentanan ini adalah sesuatu yang tidak membuatnya merasa sepenuhnya nyaman. Dia juga manusia, seseorang yang telah melakukan kesalahan, tetapi rasa sakitnya kini terlihat nyata dan menyakitkan. Sangat aneh baginya untuk melihatnya seperti itu, bukan lagi sosok yang berkuasa dan manipulatif, tetapi seseorang yang menderita dan dalam kesulitan.

Mungkin, pikirnya, ada cara yang lebih baik untuk menyampaikan maksudnya, cara yang mungkin juga akan menyentuhnya tanpa melukainya. Dia membayangkan berbagai alternatif di dalam pikirannya: kata-kata konfrontasi, perlawanan terbuka, atau sekadar mengabaikan permainannya. Namun setiap skenario terasa lebih lemah, seolah-olah tidak akan mencerminkan seriusnya penyalahgunaan kekuasaan yang dilakukannya. Ada kepuasan tertentu dalam tindakannya, tetapi itu kini dibayangi oleh perasaan tidak nyaman yang semakin meningkat.

Namun demikian, dia tidak menyesali tindakannya. Dia adalah seorang pejuang, dan seorang pejuang bereaksi seperti ini. Inilah cara dia belajar untuk berjuang demi apa yang benar, untuk dirinya sendiri dan bagi mereka di sekitarnya. Terkadang pertempuran diperlukan, dan meskipun dia sekarang merasakan keraguan, dia tahu bahwa momen ini juga telah menguatkannya. Dia telah menghadapi musuhnya dengan cara yang tidak bisa diubah, dan meskipun dia kini memahami kompleksitas akibatnya, dia tetap setia pada kodeks pejuang yang membawanya ke sini. Dia harus terus melangkah, meskipun mengetahui bahwa keadilan terkadang memiliki harganya.

Saat Bu Annie mengerang karena rasa sakit dan rasa malu, Lancar menyadari bahwa tindakannya mungkin telah memicu reaksi yang diinginkan, tetapi juga meninggalkan rasa penyesalan dan kekhawatiran di dalam dirinya. Bagi dirinya, ini adalah pelajaran tentang kompleksitas keadilan dan akibat dari tindakannya sendiri.

Situasinya terasa tidak nyaman baik secara fisik maupun emosional, dan seluruh sekolah terguncang oleh insiden tersebut.

Sementara itu, kepala sekolah memasuki kelas dan melihat sekeliling dengan tatapan serius, suaranya menggema saat dia bertanya siapa yang bertanggung jawab menaruh duri di bawah kursi Bu Annie. Suasana sunyi menghampiri kelas sementara para siswa saling menatap dengan cemas, berharap pelakunya akan mengaku.

Bahkan Lancar, dengan kesenangan dalam hati, menahan napas dan berpura-pura tidak tahu apa-apa tentang apa yang terjadi.

Rasa ingin tahunya terpancing oleh pikiran apakah dewa yang mereka sembah setiap pagi bisa menunjuk pelaku yang sebenarnya. Ide bahwa dewa mungkin berperan dalam mengungkap kebenaran menarik perhatiannya, dan dia tidak bisa menahan diri untuk berpikir tentang kemungkinan campur tangan yang lebih tinggi dalam kasus ini.

Momen tersebut tegang, dan meskipun tidak ada yang berbicara, Lancar bisa merasakan kegembiraan yang tertekan bergemuruh di seluruh kelas. Seolah seluruh sekolah menunggu sebuah pengungkapan yang akan memulihkan ketenangan dan harmoni, tetapi Lancar menunggu dengan sabar, penasaran tentang bagaimana peristiwa itu akan terungkap selanjutnya.

Tidak ada seorang pun yang bereaksi ketika kepala sekolah mengajukan pertanyaan itu. Suasana hening yang berat menggantung di udara sementara para siswa terdiam dan saling memandang dengan wajah muram. Bahkan Lancar, yang tahu persis apa yang terjadi, menjaga bibirnya tetap rapat dan tidak bergerak. Seolah-olah seluruh kelas sepakat untuk diam, meninggalkan misteri pelaku tak terpecahkan. Kepala sekolah memandang sekeliling dengan kerut di dahinya, tetapi tatapan pencarinya tidak menemukan jawaban di tengah kerumunan yang diam. Dia menghela napas dalam-dalam, mengetahui bahwa menemukan pelakunya akan menjadi tantangan tanpa kerjasama dari para siswa. Dengan gerakan tegas, dia mengumumkan bahwa penyelidikan terhadap pelaku akan dilanjutkan dan bahwa mereka yang memiliki informasi didorong untuk melapor kepadanya.

Sementara kelas mulai bergerak kembali, Lancar tetap duduk dengan senyum misterius di wajahnya, penasaran dengan alur yang akan diambil oleh peristiwa ini dan apa yang akan diungkap oleh para dewa. Di dalam kelas, anak-anak mulai berbisik dan berspekulasi tentang siapa yang mungkin bertanggung jawab atas penempatan duri di bawah kursi Bu Annie.

Lancar, meskipun berusaha keras untuk terlihat tidak bersalah, turut serta dalam percakapan dan mengajukan pertanyaan kepada teman-teman sekelasnya, dengan hati-hati memastikan bahwa nada suaranya terdengar netral dan ekspresi wajahnya tidak memberikan petunjuk tentang keterlibatannya sendiri. "Apakah kalian tidak berpikir bahwa apa yang terjadi sangat mengerikan?" tanya Lancar, suaranya terjaga dan matanya tampak tulus. "Saya penasaran siapa yang bisa melakukan hal seperti itu."

Pertanyaannya memicu anak-anak lain untuk semakin berspekulasi dan bertukar teori tentang kemungkinan pelaku. Lancar sendiri menyembunyikan pikiran dan perasaannya yang sebenarnya di balik topeng ketidakberdosaan yang telah dia bangun dengan hati-hati, menunggu hasil dari misteri yang dia ciptakan sendiri.

Saat kelas sibuk mendiskusikan kemungkinan skenario, Lancar mendengarkan dengan seksama berbagai pendapat dan sesekali memberikan komentar untuk menunjukkan keterlibatannya, tetapi juga memastikan bahwa dia tidak terlalu mencolok. "Mungkin itu adalah seseorang dari luar yang melakukannya," usul Lancar, suaranya tenang dan dipikirkan. "Itu mungkin saja, karena minggu lalu seorang pengemis ditemukan oleh petugas keamanan di kelas."

Kata-katanya membawa momen keheningan di kelas, sementara anak-anak lain merenungkan apa yang dia katakan. Gagasan bahwa pelaku mungkin berasal dari luar sekolah membuka kemungkinan baru dalam pencarian mereka akan kebenaran.

Saat percakapan berkembang, Lancar duduk di sana, tampak tidak bersalah, tetapi dengan senyum dalam batin yang penuh semangat tentang peran yang dia mainkan dalam misteri yang dia ciptakan sendiri. Satu jam kemudian, kepala sekolah kembali ke kelas, kali ini ditemani oleh seorang guru dari kelas yang lebih tinggi.

Kelas terdiam saat mereka masuk, dan semua mata tertuju pada mereka, penuh harapan dan ketegangan. Kepala sekolah mengambil kata-kata, suaranya serius dan mendesak. "Apakah sudah ada yang diketahui tentang siapa yang melakukan ini?" tanya kepala sekolah sekali lagi, tatapannya menyapu kelas, mencari reaksi. Keheningan di kelas terasa nyata, dan anak-anak saling memandang dengan cemas, bertanya-tanya apa yang harus mereka katakan.

Lancar, meskipun hatinya berdetak cepat karena semangat, menjaga wajahnya tetap tenang dan berusaha terlihat tidak bersalah. Dia penasaran dengan perkembangan selanjutnya dalam misteri yang dia ciptakan sendiri. Dengan napas penuh kekecewaan, kepala sekolah dan guru itu berbalik dan pergi dengan marah, menggerutu bahwa masalah ini akan memiliki konsekuensi lebih lanjut. Ketegangan di kelas terasa nyata saat anak-anak tertinggal, bertanya-tanya apa akibat dari kebisuan mereka.

Lancar, meskipun dia hampir tidak bisa menahan kegembiraannya, menjaga wajahnya tetap tenang saat dia melihat orang dewasa yang pergi. Dia tahu bahwa cerita ini belum berakhir dan bahwa masih ada lebih banyak pengungkapan yang akan terjadi. Dengan rasa antisipasi, dia menantikan apa yang akan terjadi selanjutnya, saat misteri perlahan-lahan terungkap di lorong-lorong sekolah. Bagaimanapun, dia telah memberikan pelajaran kepada guru tersebut, menunjukkan bahwa dia tidaklah maha kuasa dan bahwa dia tidak boleh merendahkan orang lain. Dengan pemikiran ini, Lancar melangkah dengan kepala tegak menuju ossenkar-nya untuk pulang, bertekad untuk tetap mengikuti jalannya sendiri di masa depan dan tidak menyerah pada otoritas yang disalahgunakan. Dia merasakan kepuasan mendalam dalam menyadari bahwa dia telah berkontribusi pada pemulihan rasa kesetaraan dan keadilan dalam komunitas sekolah. Dengan setiap langkah, rasa percaya diri dan tekadnya untuk membela dirinya sendiri dan orang lain yang diperlakukan tidak adil semakin tumbuh.

Makanan yang lezat.

Di tengah perjalanan pulangnya dengan ossenkar, Lancar bertemu dengan seekor ular karpet. Dia menggosok-gosok tangannya dan berpikir, "Ini akan jadi makanan yang enak!" Dengan tekad seorang pemburu berpengalaman, dia merayap lebih dekat dan akhirnya membunuh ular itu dengan tongkat yang selalu dia bawa. Dengan penuh kemenangan, dia menyeret ular karpet itu di belakangnya dan meletakkannya di ossenkar-nya, seolah-olah dia baru saja mendapatkan mangsa raksasa.

Setelah sampai di rumah, Lancar langsung berlari ke dapur, di mana neneknya sibuk menggoreng telo (ubi kayu goreng).

"Hallo, nenek!" serunya dengan antusias, sambil meletakkan ular karpet di depannya. "Bisakah kamu menyiapkan ular ini untukku? Aku sudah sangat lapar sore ini!"

Nenek, yang baru saja berbalik untuk mengambil sesuatu dari lemari, melompat terkejut ke atas meja dan mulai melambai-lambaikan tangannya dengan liar.

"Apa?!" teriaknya. "Lepaskan binatang itu, dia berbahaya!" Reaksinya sangat berlebihan sehingga Lancar hampir terjatuh dari tawa.

"Tapi nenek," Lancar berteriak di antara tawanya, "itu hanya ular karpet yang tidak berbahaya! Dia sudah mati!"

Nenek memandangnya dengan mata terbelalak saat dia menyadari bahwa cucunya memiliki definisi 'tidak berbahaya' yang sangat aneh. Dengan kilau di matanya dan senyum lebar dari telinga ke telinga, Lancar berusaha meyakinkan neneknya. "Nenek, jangan khawatir, ular ini sama tidak berbahayanya dengan anak anjing tanpa gigi!

Lihat, dia bahkan tidak menggigit lagi!" teriaknya, sambil menggoda ular yang sudah mati itu dengan menggelitik kepalanya, seolah-olah dia mengharapkan makhluk itu tertawa kapan saja.

Nenek, yang masih berdiri di atas meja, menatap Lancar dengan campuran keheranan dan sedikit kesal. "Lancar, nak, aku tidak tahu mana yang lebih buruk, ulahmu dengan ular atau kenyataan bahwa aku mulai terbiasa dengan ini," gumamnya sambil perlahan turun dari meja. Untuk seekor ular yang sudah mati, nenek tampak tidak begitu ketakutan. "Nenek, ini akan menjadi makan malam paling legendaris yang pernah ada!" teriak Lancar, dengan gerakan tangan yang dramatis sambil menyerahkan ular itu kepada neneknya dengan sebuah kedipan.

Nenek tampak ragu sejenak, tetapi kemudian mengangkat bahu dan mengambil sebuah pisau. "Baiklah, mari kita masak sesuatu yang eksotis malam ini," gumamnya sambil mulai menangani ular itu. Dengan tangan terampil, dia menguliti ular dan kemudian memotongnya menjadi potongan kecil.

Dapur dipenuhi dengan tawa saat Lancar dan neneknya menikmati pemandangan absurd ini bersama. Itu adalah makanan yang tidak akan pernah mereka lupakan, baik karena bahan-bahan yang tidak biasa maupun karena kejadian lucu yang mendahuluinya.

Dengan senyum lebar di wajahnya, nenek melanjutkan, "Ah nak, beruntung kita bukan vegetarian, kalau tidak kita akan kelaparan malam ini!" Dia terlihat senang dengan petualangan tak terduga bersama cucunya, meskipun itu berarti dia harus menyiapkan ular untuk makan malam.

Saat aroma ular yang digoreng perlahan menyebar ke seluruh dapur, Lancar dan neneknya berbagi cerita dan lelucon. Bersama-sama, mereka menyiapkan makan malam yang absurd tetapi lezat, sambil menikmati kebersamaan dan ikatan istimewa yang mereka miliki.

Itu adalah malam yang penuh humor, petualangan, dan terutama banyak cinta antara nenek dan cucunya. Meskipun menu mereka tidak biasa, ikatan mereka hanya semakin kuat melalui pengalaman berkesan ini.

Setelah mandi yang menyegarkan, Lancar meluncur ke tempat tidur dan merenungkan kembali kejadian hari itu. Dengan senyum di wajahnya, ia jatuh ke dalam tidur yang dalam, penuh rasa syukur atas momen-momen istimewa yang telah dia bagi dengan neneknya tercinta.

Pendeta

Pagi berikutnya, Lancar tidak terburu-buru untuk bangun. Ia mendengar suara neneknya memanggilnya dari jauh saat dia berdiri di samping tempat tidurnya. "Selamat pagi, nenek," gumamnya dengan suara pelan. "Selamat pagi, nak yang manis," jawab nenek dengan senyuman. "Sudah saatnya untuk bangun." Lancar meregangkan tubuh dan menggumam, "Tidak, aku lebih suka tetap di rumah hari ini, nenek."

"Baiklah, nak, seperti yang kamu inginkan," kata nenek dengan pengertian sambil berbalik untuk meninggalkan kamar.

Tiba-tiba, Lancar melompat dari tempat tidur, wajahnya tiba-tiba penuh semangat. "Nenek, aku berubah pikiran! Aku akan pergi ke sekolah hari ini."

"Baiklah, nak, cepatlah sikat gigi, mandi, dan bersiap-siap, sementara aku menyiapkan roti dan teh untukmu," jawab nenek, sambil tersenyum dan keluar kamar untuk menyiapkan sarapan.

Lancar melompat dari tempat tidur, penuh energi dan tekad untuk memulai hari.

Saat dia mengenakan pakaian dan menyikat giginya, ia memikirkan petualangan yang menantinya di sekolah.

Setelah Lancar berpakaian, ia bergegas ke dapur dan mencium aroma roti yang baru dipanggang. Nenek sudah menyiapkan sarapan yang lezat untuknya, dengan tumpukan roti dan segelas teh.

"Terima kasih, nenek!" teriak Lancar dengan antusias saat dia duduk di meja. Ia mulai makan dengan lahap, bersemangat tentang apa yang akan dibawa hari ini. Nenek tersenyum sambil mengamati cucunya menikmati sarapannya.

"Semoga hari ini menyenangkan di sekolah, nak," katanya penuh kasih. "Dan berhati-hatilah di jalan." Lancar mengangguk, mulutnya masih penuh roti, dan bergegas keluar di mana pamannya telah menyiapkan ossenkar. Dia siap untuk hari baru yang penuh petualangan, dengan nenek dalam pikirannya dan senyum di wajahnya. Lancar menggerakkan osnya menuju sekolah, ranselnya bergoyang di punggung. Dia tahu bahwa dia harus tepat waktu, karena bel sekolah tidak menunggu siapa pun. Dengan satu lompatan terakhir, dia mencapai gerbang sekolah dan meluncur tepat sebelum suara bel berbunyi. Dia merasakan semangat dari hari sekolah yang baru mengalir dalam darahnya saat dia berjalan menuju kelas.

Koridor dipenuhi dengan suara anak-anak yang berbicara dan bunyi lonceng saat para siswa bergegas untuk mengambil tempat duduk mereka di ruang kelas. Lancar menarik napas dalam-dalam dan tersenyum. Dia tiba tepat waktu, siap untuk belajar hal-hal baru dan mengalami petualangan baru bersama teman-temannya. Tetapi yang terutama dia ingin tahu adalah apakah pendeta menerima pesan dari Tuhan tentang insiden kemarin dengan Bu Annie. Meskipun bel sekolah mungkin tidak bisa ditunda, dia selalu siap menghadapinya. Lancar tersenyum saat dia memasuki kelas dan melihat Bu Annie, yang sudah berdiri di depan kelas, siap untuk memulai pelajaran matematika.

Matematika selalu menjadi salah satu mata pelajaran favoritnya, jadi dia tidak sabar untuk memulai. Dia mengambil tempatnya dan mengambil pena serta kertas, siap menghadapi tantangan hari ini. Saat Bu Annie mulai menjelaskan materi pelajaran, Lancar mendengarkan dengan seksama dan sesekali mengangguk untuk menunjukkan bahwa dia mengerti. Ketika tiba waktunya untuk mengerjakan tugas, Lancar melihat dengan senyum pada lembaran di depannya. Bagi dia, matematika seperti teka-teki yang menegangkan yang sangat ingin dia pecahkan.

Dia mulai dengan antusiasme yang penuh untuk mengerjakan soal-soal, siap menunjukkan keterampilan berhitungnya. Dengan tatapan percaya diri, Lancar memandang tugas-tugas yang telah selesai. Dia cepat menyelesaikan soal-soal matematika, dan merasa bangga dengan pekerjaannya. Dengan hati-hati, dia mengangkat tangan dan sopan meminta kepada guru: "Bolehkah saya minum air, tolong?" Guru tersenyum kepada Lancar dan mengangguk setuju. "Tentu saja, Lancar," jawabnya ramah. "Kamu telah bekerja dengan baik. Silakan minum dengan cepat, tetapi jangan lupa kembali ke tempatmu dengan tenang setelah selesai."

Dengan senyum penuh rasa syukur, Lancar berjalan menuju keran dan mengisi gelasnya dengan air. Dia meneguk beberapa kali untuk menyegarkan diri, merasakan cairan dingin yang menghilangkan dahaganya, lalu kembali dengan tenang ke mejanya, siap untuk melanjutkan tantangan berikutnya yang akan diberikan hari itu di sekolah.

Lancar menoleh ketika mendengar pintu ruang kelas terbuka dan melihat dengan kecewa bahwa itu adalah kepala sekolah yang masuk. Dia menghela napas dalam hati, mengetahui bahwa kepala sekolah kemungkinan akan menanyakan tentang situasi dengan Bu Annie dan duri-duri di pantatnya.

Kepala sekolah berjalan dengan langkah serius ke depan dan memandang kelas dengan tajam. "Selamat pagi, anak-anak," mulai dia dengan suara berat. "Saya datang untuk menanyakan apakah ada perkembangan dalam insiden dengan Bu Annie. Kami ingin tahu siapa yang bertanggung jawab atas tindakan tidak pantas ini."

Lancar merasakan ketegangan di dalam kelas meningkat saat kepala sekolah berbicara. Dia tahu bahwa pertanyaan tentang pelaku itu canggung, terutama karena dia sendiri terlibat dalam peristiwa itu. Tetapi dia menahan ekspresinya dan diam, sama seperti seluruh kelas, menunggu apa yang akan terjadi selanjutnya. Lancar menahan tawa saat kepala sekolah berbicara. "Hitunglah bahwa Tuhan akan menghukum orang yang melakukannya," kata kepala sekolah dengan serius. "Nanti, pastor akan datang dan kamu akan mengakui dosamu."

Ketika kepala sekolah meninggalkan ruang kelas, Lancar tidak bisa lagi menahan hiburannya yang dalam. Dia tertawa kecil, mengetahui bahwa rasa takut akan Tuhan dan hukuman hanya ada pada anak-anak yang beriman.

Baginya, itu adalah bukti yang jelas bahwa Tuhan sebenarnya tidak ada, dan hanya orang-orang yang percaya yang takut akan sesuatu yang bahkan tidak ada. Dengan rasa kepuasan diri dan sedikit pemberontakan, Lancar menantikan sisa hari itu, bertekad untuk mengikuti jalannya sendiri tanpa dipengaruhi oleh ketakutan yang tidak berdasar atau takhayul.

Saat siswa terakhir menyerahkan tugas matematika mereka, pastor muncul di ambang pintu ruang kelas. Gaun hitam panjangnya melambai lembut saat dia melangkah masuk, wajahnya tegang dan serius seperti seekor burung pemangsa yang mengawasi mangsanya.

Beberapa anak saling melirik dengan gugup, sementara yang lain menundukkan kepala dalam bentuk penghormatan yang diam. Namun, Lancar, sebaliknya, memandang pastor dengan sedikit ejekan, matanya bersinar nakal saat dia mengamati pria itu.

Pastor menyapa kelas dengan suara khidmat dan kemudian mulai berkhotbah tentang perilaku baik dan penyesalan. Namun saat dia berbicara, Lancar merasa semakin bertekad untuk mengikuti jalannya sendiri, terlepas dari apa yang dikatakan pria ini dalam jubah panjang dan gelapnya. Saat pastor melanjutkan khotbahnya, Lancar tidak bisa sepenuhnya memusatkan pikirannya pada kata-kata serius tersebut.

Sebaliknya, pandangannya melayang ke gaun hitam panjang pastor, dan dia mulai bertanya-tanya apakah pria itu mengenakan celana dalam di bawah jubah religiusnya.

Sebuah senyuman nakal muncul di bibir Lancar saat dia memikirkan hal ini. Ide tentang pastor yang berkhotbah sementara mungkin tidak mengenakan pakaian sehari-hari seperti celana dalam, menambah bumbu humor nakal dalam situasi yang biasanya begitu khidmat.

Dia menahan tawa kecil dan cepat melirik ke samping, memastikan bahwa tidak ada yang bisa menebak pikirannya. Itu adalah pemberontakan kecil di dalam kepalanya, sebuah tindakan kecil pengalihan di tengah nada serius pastor.

Setelah khotbah, pastor mengundang siswa untuk mengakui dosa kepada dirinya. Dia secara spesifik menyebutkan insiden dengan duri-duri dan menekankan bahwa Tuhan tidak akan menyetujuinya. Lancar tertawa kecil dalam hati memikirkan bahwa pastor akan menggunakan situasi ini sebagai cara untuk mengumpulkan informasi.

Dia berbisik kepada temannya: "Pastor itu pengkhianat, kamu tahu? Jika seseorang selama pengakuan dosa mengakui bahwa mereka terlibat dengan duri-duri itu, mereka pasti akan dihukum."

Lancar tidak bisa menahan ironi bahwa pastor, yang mengklaim bertindak atas nama Tuhan, sebenarnya tampak seperti kaki tangan hukuman dan penghakiman. Dia memutuskan untuk menyimpan rahasianya, mengetahui bahwa hanya hatinya sendiri yang akan menjadi hakimnya. Semua orang berdiri dan menuju pastor untuk mengaku dosa, tetapi Lancar tetap duduk. Pastor memperhatikan ini dan berjalan ke arahnya, tatapannya penuh tanya. "Mengapa kamu tidak mau mengaku, Lancar?" tanya pastor dengan sedikit kerutan di dahi.

Lancar menatap pastur itu dengan tenang dan menjawab: 'Tidak, pastur, orang tua saya dan saya tidak beriman. Agama adalah untuk orang bodoh. Selain itu, pengakuan dosa hanya untuk orang yang memiliki kesalahan. Dan seandainya saya beriman, saya tetap tidak akan pergi mengaku dosa jika saya tidak memiliki apa pun untuk diakui, dan tidak ada yang saya lakukan.'

Pastur terlihat terkejut oleh kata-kata Lancar. Ia menggaruk dagunya sejenak dan kemudian berkata dengan senyuman: 'Yah, Lancar, kamu sangat tajam lidahnya. Dan kamu benar. Siapa yang tidak melakukan kejahatan, tidak akan memiliki sesuatu untuk diakui.'

Lancar merasakan gelombang lega mengalir dalam dirinya. Dia tahu bahwa dia tetap setia pada keyakinannya sendiri, bahkan di tengah tekanan harapan religius dari orang lain. Dan dengan pemikiran itu, dia merasa lebih kuat dari sebelumnya.

Dengan perasaan triump dan kepuasan, keyakinan Lancar bahwa Tuhan tidak ada menjadi semakin kuat saat dia dalam perjalanan pulang. Kepastian batinnya diperkuat oleh fakta bahwa pastur, sebagai perwakilan iman, tidak mampu mengidentifikasi pelaku insiden itu.

Gagasan ini memberinya perasaan pembebasan dan kemandirian, mengetahui bahwa dia sendiri yang mengendalikan takdirnya dan tidak terikat pada kekuatan supernatural. Lancar kini sepenuhnya yakin bahwa Tuhan hanyalah sebuah rekaan, diciptakan oleh orang-orang jahat untuk menjaga sesama manusia tetap bodoh dan tertinggal. Realisasi bahwa bahkan doa-doa pastur dan para pengikutnya tetap tidak terjawab, dan bahwa Tuhan yang dididik oleh pastur tidak mampu membisikkan nama pelaku ke telinganya, seperti yang diklaim bahwa Alkitab ditulis melalui inspirasi Tuhan, semakin memperkuat keyakinannya bahwa agama adalah alat manipulatif, digunakan oleh mereka yang mengejar kekuasaan dan kontrol.

Untungnya, Lancar sendiri tidak beragama, tetapi ia membangun hidupnya berdasarkan realitas dan pemikiran rasional. Dengan energi baru dan tekad, dia menerima perannya di dalam Vishnuh-Genootschap. Dia merasa diperkuat oleh keyakinannya dan bertekad untuk membawa perubahan positif di dunia di sekelilingnya, berdasarkan realitas dan nilai-nilai rasional. Lancar menyadari bahwa penting untuk menyadarkan orang-orang tentang manipulasi melalui agama dan berusaha menginspirasi orang lain untuk berpikir kritis tentang keyakinan mereka juga.

Dengan perasaan kepuasan dan pembebasan ini, Lancar melanjutkan perjalanannya pulang, menyadari peran yang telah dia mainkan dalam mengungkap batasan iman dan agama. Dia merasa lebih kuat dan lebih percaya diri dari sebelumnya, mengetahui bahwa dia bisa menghadapi dunia dengan pandangan baru yang jernih.

Pastur Baru

Selama pelajaran agama, Lancar tidak selalu hadir di sekolah, tetapi ketika dia hadir, selalu ada alasan di baliknya. Begitu juga pada pagi Kamis itu, ketika dia diajari oleh pastur baru, karena pastur lama telah pensiun.

Pastur baru itu sangat ketat dan religius. Selama khotbahnya, dia sering merujuk pada kata 'pagan,' dan sepertinya pandangannya selalu tertuju padanya.

"Saya rasa ini karena pakaian saya tidak memenuhi aturan berpakaian sekolah, yang memberikan sudut pandang lain tentang penampilan saya," pikirnya.

Pastur baru itu terus menerus menekankan bahwa Tuhan melihat dan mengetahui segalanya, dan bahwa anak-anak tidak boleh terlibat dalam dosa, karena mereka akan dihukum oleh Tuhan. Dia juga menekankan bahwa orang-orang yang tidak datang kepada Tuhan akan masuk neraka, tetapi mereka yang bertobat akan dihargai di surga.

Didorong oleh rasa ingin tahunya dan tekadnya, Lancar merencanakan dengan cermat untuk menguji klaim pastur tentang penglihatan Tuhan yang sempurna. Dan dia juga ingin membalas kata-kata yang digunakan pastur terhadapnya.

Sebelum Lancar berangkat dari rumah pada Kamis pagi itu, dia tahu di mana terdapat sarang lebah di pohon yang dihuni lebah Brasil. Dengan cekatan, dia menangkap tujuh lebah dengan membius mereka menggunakan asap, dan kemudian memasukkannya ke dalam keranjang anyaman berbentuk salib yang telah dibuat neneknya atas permintaannya. Alasannya memilih tujuh lebah berasal dari cerita di Alkitab tentang tujuh tulah di Mesir.

Dia percaya bahwa jumlah lebah ini akan dikenali oleh Tuhan, karena memiliki makna simbolis dalam konteks agama. Keranjang itu sengaja dibuat kecil agar lebah tidak memiliki ruang untuk bergerak.

Neneknya terkejut ketika diminta untuk membuat keranjang anyaman berbentuk salib dan menatap Lancar dengan tajam.

Lancar melihat kecemasan neneknya dan mengatakan bahwa itu untuk sebuah pelajaran, setelah itu neneknya pun mulai bekerja. Setibanya di sekolah, Lancar dengan hati-hati meletakkan salib anyaman itu di meja di mana pastur akan duduk selama pelajaran agama pertama.

Itu dimaksudkan sebagai hadiah untuk pastur, di mana bagian atas salib dapat dibuka dengan sebuah pita.

Lancar merasa jantungnya berdegup kencang saat kepala sekolah masuk ke kelas. Udara terasa tegang dan penuh rasa ingin tahu. Para siswa menatap dengan mata lebar ke arah kepala sekolah, tawa mereka masih segar dalam ingatan, dan menunggu dengan penuh ketegangan apa yang akan terjadi.

"Ada apa di sini?" tanya kepala sekolah, tatapannya tajam dan serius. "Saya mendengar bahwa ada sesuatu yang tidak biasa terjadi pada pastour baru kita."

Lancar merasakan tekanan situasi semakin meningkat. Teman-teman sekelasnya melihatnya, tatapan penasaran mereka seolah menembus dirinya. Dia harus tetap tenang dan tidak panik. Dengan sikap santai dan ketidakbersalahan yang tampak, dia berbalik kepada kepala sekolah dan bertanya, "Maksud Anda, Pak? Apakah ada yang salah dengan pastour?"

Kepala sekolah, tatapannya tetap pada para siswa, tidak menyadari ironi dalam pertanyaan Lancar. "Pastour telah disengat oleh lebah, dan saya ingin tahu siapa yang bertanggung jawab di sini," katanya tegas. "Ini bukan hanya sebuah lelucon, ini serius. Setiap orang harus jujur dan mengaku."

Ketegangan di dalam kelas hampir dapat dirasakan. Lancar merasakan adrenalin mengalir di pembuluh darahnya, tetapi dia tahu bahwa dia tidak boleh berkata apa-apa. Dia telah menguasai seni menyembunyikan emosinya dengan baik, dan dengan setiap detik yang berlalu, rasa percaya dirinya semakin tumbuh.

"Tapi, Pak," kata salah satu siswa, "pastour telah memberitahu kami bahwa Tuhan melihat segalanya. Kenapa Dia tidak memperingatkannya tentang lebah-lebah itu?"

Kepala sekolah mengernyitkan alisnya, tidak tahu apakah dia harus menganggap jawaban itu serius atau tidak. Dia berbalik ke arah Lancar, tatapannya tajam dan penuh harapan. "Dan kamu, Lancar, apakah kamu melihat atau mendengar sesuatu yang bisa membantu kami mengidentifikasi pelakunya?"

Jantung Lancar berdegup kencang. Dia tidak bisa percaya bahwa dia diperhatikan secara langsung. "Tidak, Pak, saya tidak melihat apa-apa. Saya hanya mendengarkan pelajaran," jawabnya dengan tatapan tidak bersalah dan senyuman percaya diri.

Kepala sekolah mengangguk, tetapi matanya tetap tertuju pada Lancar, seperti pemburu yang mengawasi mangsanya. "Ketahuilah bahwa perilaku semacam ini tidak akan ditoleransi. Sekolah adalah tempat untuk belajar dan saling menghormati. Saya mengharapkan setiap orang berperilaku sebagai siswa yang baik."

Dengan kata-kata terakhir itu, dia berbalik dan meninggalkan kelas, sementara siswa-siswa masih menahan napas mencerna peristiwa yang terjadi. Begitu pintu ditutup, mereka tertawa terbahak-bahak. Ketegangan telah terpecahkan, dan Lancar merasakan kelegaan mengalir di tubuhnya.

"Itu luar biasa!" teriak salah satu teman sekelas. "Aku tidak percaya kamu melakukan itu, Lancar!"

Lancar tidak bisa menahan rasa bangga dalam dadanya. "Ya, tapi mari kita simpan untuk diri kita sendiri, oke? Tidak perlu membuat kepala sekolah semakin kesal," tambahnya sambil mengedipkan mata.

Sisa pelajaran berlangsung dengan suasana ceria, di mana para siswa terus mengulang cerita tentang lebah dan pastour. Lancar menikmati momen tersebut, menyadari bahwa dia telah menemukan jalannya sendiri di tengah kekacauan dan bahwa keyakinannya, meskipun tidak paling populer, tidak membuatnya jatuh.

Saat jam terus berdetak dan hari sekolah mendekati akhir, Lancar menyadari bahwa dia telah membuka jalannya sendiri. Dia tidak hanya berhasil mengelabui pastour, tetapi juga menguatkan keyakinannya sendiri. Kontrol atas takdirnya ada di tangannya sendiri, dan itu memberinya perasaan kebebasan yang belum pernah ia rasakan sebelumnya.

Dengan langkah mantap, dia meninggalkan kelas, siap menghadapi dunia di luar dinding sekolah dengan wawasan dan kepercayaan diri barunya. Dia adalah Lancar, anak yang tidak takut untuk mengikuti jalannya sendiri, terlepas dari tekanan dari orang-orang di sekelilingnya.

Semua orang mendengarkan dengan napas tertahan saat kepala sekolah berbicara, tetapi tidak ada yang memberikan jawaban. Kelas tetap hening, seolah-olah mereka tidak tahu apa-apa tentang insiden itu. Kepala sekolah memandang sekeliling, mengernyitkan alisnya, dan menghela napas dalam-dalam sebelum meninggalkan ruangan, meninggalkan jawaban yang tidak memuaskan.

Misteri seputar peristiwa itu menggantung di udara, sementara para siswa berbisik dan tertawa geli, menyadari rahasia yang mereka simpan bersama. Lancar, yang membayangkan pastor dengan kepala penuh benjolan akibat sengatan lebah.

"Dia tidak akan ingin mencicipi madu untuk sementara waktu," desisnya pelan dalam hati, terhibur oleh gagasan tentang balas dendam komik dari lebah, dan Tuhan tidak akan menghukumnya, karena Dia hanya ada dalam pikiran orang-orang yang percaya.

Sejak saat itu, Lancar tidak pernah melihat pastor lagi, dan insiden tersebut segera menjadi legenda di sekolah, di mana hanya sekelompok siswa yang tahu kebenarannya. Selain semua kenakalan yang Lancar lakukan, dia adalah anak dengan pesona yang tak terbantahkan dan akal yang tajam. Dia adalah siswa yang cemerlang, tidak pernah mencari masalah, dan dikenal sebagai salah satu yang terpandai di sekolah, meskipun dia tidak sering hadir dan tidak terlibat dengan anak-anak lain di sekolah.

Tetapi yang tidak diketahui siapa pun adalah bahwa Lancar mengikuti pelajaran di luar jam sekolah di Vishnuh-Genootschap. Dia secara diam-diam muncul di pertemuan-pertemuan organisasi itu, di mana dia diajari berbagai topik yang lebih jauh dari apa yang diajarkan di sekolah.

Sementara teman-teman sekelasnya bertanya-tanya bagaimana dia bisa begitu pintar tanpa sering pergi ke sekolah, Lancar menyimpan jalur belajar rahasianya dari orang luar. Tidak ada yang tahu tentang pelajaran yang dia ambil di luar dinding sekolah, atau mentor yang mengajarinya dengan cara mereka sendiri. Dia telah belajar untuk mengukur pengetahuannya dengan cermat, cukup untuk tidak mencolok, tetapi tetap selalu selangkah lebih maju dari yang lain.

Ini adalah kehidupan ganda yang dijalaninya, tetapi bagi Lancar, itu sepadan. Di siang hari, dia adalah siswa yang kadang-kadang tidak hadir, tetapi selalu meraih nilai baik dan mengejutkan guru dengan wawasan tajamnya. Di malam hari, saat teman-teman sekelasnya mengerjakan PR atau menonton televisi, dia tenggelam dalam pelajaran rahasia yang membawanya lebih jauh daripada yang bisa ditawarkan oleh empat dinding kelas.

Dia menikmati tantangan dan wawasan yang dia dapatkan selama sesi-sesi rahasia ini, sering kali dipandu oleh pengajar yang tidak konvensional dengan banyak pengalaman dan kebijaksanaan. Mereka tidak hanya mengajarinya tentang topik akademis, tetapi juga tentang pelajaran hidup, filosofi, dan cara-cara untuk mendekati masalah dari berbagai sudut. Dia tahu bahwa pelajaran ini akan membantunya tumbuh dan berkembang dengan cara yang lebih dari apa yang dapat diberikan oleh sekolah tradisional. Kebebasan yang dia rasakan untuk belajar tanpa batasan kurikulum memberinya rasa pencapaian yang kuat, sesuatu yang tidak dia bagikan dengan siapa pun.

Meskipun dia mendapatkan kepuasan dari dunia tersembunyi ini, terkadang dia juga merasakan kesepian. Teman-teman sekelasnya, yang sibuk dengan kekhawatiran mereka sendiri, tidak akan pernah mengerti betapa pentingnya memiliki sumber pengetahuan seperti itu di tangan, tetapi pada saat yang sama juga harus diam. Ini adalah bagian dari hidupnya yang dia simpan untuk dirinya sendiri, dan meskipun itu sering memberinya keuntungan, itu juga membawa beban yang dia pikul sendirian.

Penyiksaan Anak.

"Pada tahun '60-an, di Suriname tidak jarang anak-anak di sekolah dihukum secara fisik dan mental karena tidak mengerjakan PR mereka. Hukuman yang umum adalah mereka dipaksa untuk berlutut di sudut kelas, dengan wajah menghadap dinding, sambil memegang bangku atau kursi di atas kepala mereka."

Bagian ini memberikan wawasan menarik tentang praktik pendidikan di tahun enam puluhan, di mana tindakan disiplin sering kali memiliki karakter yang jauh lebih keras daripada saat ini. Memaksa anak-anak untuk berlutut dalam posisi yang memalukan di sudut kelas sambil memegang benda di atas kepala mereka tidak hanya menunjukkan pendekatan disiplin yang keras, tetapi juga menimbulkan pertanyaan tentang penyiksaan anak dan penyalahgunaan kekuasaan yang dapat merugikan kesejahteraan mental anak.

Praktik ini sering kali berakar pada metode pengasuhan otoriter yang berasal dari keyakinan religius atau pandangan tradisional tentang ketaatan dan disiplin. Orang tua dan pendidik, yang berpegang pada keyakinan bahwa kontrol ketat diperlukan untuk membentuk warga yang baik dan orang jujur, sering kali melihat tidak ada cara lain selain menerapkan hukuman yang keras. Ini menciptakan lingkungan di mana ketakutan dan penyerahan adalah norma, dan suara anak sering diabaikan atau diminimalkan.

Penerapan hukuman yang memalukan seperti itu dapat memiliki konsekuensi serius bagi harga diri dan kesehatan mental anak-anak yang terpaksa mengalaminya. Bagi banyak anak, pendekatan ini menghasilkan perasaan malu dan ketidakpastian yang mendalam. Mereka belajar bahwa perasaan dan pikiran mereka tidak penting, dan bahwa ketaatan lebih penting daripada identitas mereka sendiri. Akibatnya, banyak yang terjebak dalam lingkaran setan penilaian diri yang negatif, ketakutan terhadap otoritas, dan kurangnya kepercayaan pada kemampuan mereka sendiri.

Tidak jarang bahwa anak-anak ini kemudian mengalami kesulitan dalam menjalin hubungan yang sehat atau menemukan suara mereka sendiri di dunia yang telah mengajarkan mereka untuk diam begitu lama. Dampak dari metode pengasuhan semacam itu menjangkau lebih jauh daripada masa kanak-kanak; itu memengaruhi interaksi sosial mereka, pilihan profesional, dan bahkan gaya pengasuhan mereka sendiri. Kesadaran bahwa cinta dan dukungan sering kali merupakan pendekatan yang lebih efektif biasanya baru muncul bertahun-tahun kemudian, ketika kerusakan sudah terjadi.

...Sayangnya, ini bukan satu-satunya bentuk hukuman yang diterapkan. Selain hukuman merendahkan dengan berlutut di sudut kelas, ada juga kasus di mana guru menggunakan kekerasan fisik terhadap siswa mereka. Anak laki-laki dan perempuan kadang-kadang dipukul keras di jari mereka dengan tongkat, atau bahkan kepalanya dibenturkan ke papan tulis. Selain itu, tidak jarang guru mengguncang anak-anak dengan keras, yang kadang-kadang bahkan menyebabkan mimisan.

...Di lingkungan di mana disiplin sering ditegakkan dengan tangan besi, hukuman semacam ini dianggap sebagai cara yang efektif untuk mendisiplinkan siswa dan mengajarkan mereka nilai ketaatan.

Ini adalah masa di mana otoritas di sekolah jarang dipertanyakan dan guru bebas untuk memberikan hukuman sesuai kebijaksanaan mereka. Bagi banyak anak, ini adalah pengalaman yang menakutkan dan memalukan, yang sering meninggalkan bekas luka emosional yang

dalam

Hal ini bisa menyebabkan perasaan malu, frustrasi, dan kurangnya kepercayaan diri. Selain itu, bisa sangat merusak hubungan antara guru dan siswa, di mana otoritas guru kadang-kadang ditakuti alih-alih dihormati.

Bentuk hukuman ini bukan hanya menunjukkan pendekatan otoriter yang berlebihan, tetapi juga merupakan contoh nyata dari penyalahgunaan kekuasaan dan kekerasan terhadap anak. Menyedihkan untuk dipikirkan bahwa perilaku semacam itu pernah ditoleransi dalam sistem pendidikan di Suriname.

...Gaya pengasuhan pada masa itu sering kali mencakup hukuman fisik dan penghinaan, yang dianggap sebagai metode yang dapat diterima untuk menegakkan disiplin. Namun, kini jelas bahwa pendekatan ini dapat memiliki efek merugikan pada perkembangan emosional dan psikologis anak-anak.

Hal ini merongrong rasa percaya diri dan rasa aman mereka, dan bisa mengakibatkan konsekuensi negatif jangka panjang bagi kesehatan mental dan kesejahteraan mereka.

Anak-anak yang secara teratur mengalami hukuman fisik dan penghinaan di sekolah berisiko mengembangkan perasaan tidak berdaya dan ketakutan.

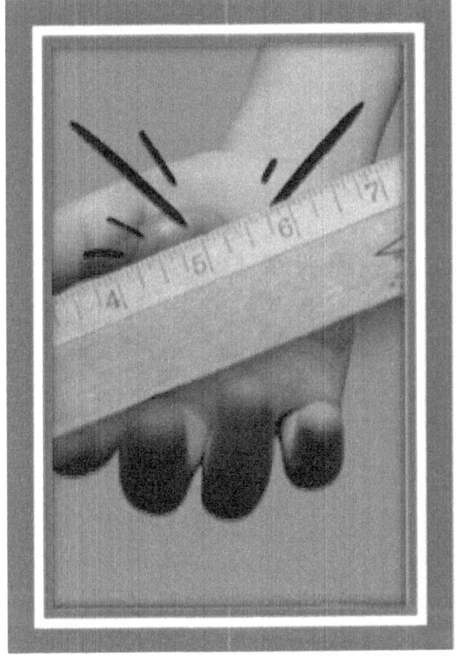

Mereka belajar bahwa otoritas dan kekuasaan identik dengan kekerasan dan penindasan, yang bisa serius mempengaruhi kemampuan mereka untuk menjalin hubungan yang sehat dan mengembangkan kepercayaan diri. Selain itu, perasaan penghinaan dan ketidakamanan yang konstan dapat mengakibatkan citra diri yang negatif dan kurangnya kepercayaan diri pada anak-anak.

Mereka bisa merasa bahwa mereka tidak cukup baik atau tidak layak, yang berdampak negatif pada prestasi mereka di sekolah dan kesejahteraan mereka secara keseluruhan. Rasa tidak mencukupi ini muncul dari kekurangan kepercayaan diri yang mendalam, yang disebabkan oleh tekanan untuk memenuhi harapan yang tidak realistis. Anak-anak belajar bahwa nilai mereka sebagian besar didasarkan pada prestasi dan ketaatan, sehingga mereka merasa harus terus-menerus membuktikan bahwa mereka 'cukup baik'. Hal ini sering kali menyebabkan kecemasan, stres, dan bahkan depresi, yang lebih merusak kemampuan belajar dan interaksi sosial mereka. Di Suriname, agama memainkan peran penting dalam kehidupan mayoritas penduduk, yang sering kali lebih religius daripada paus sendiri. Keyakinan religius yang kuat ini tidak hanya mempengaruhi kehidupan pribadi, tetapi juga konteks sosial dan budaya yang lebih luas. Vishnuh-Genootschap mengkritik pengabdian religius ini, menganggap cara banyak orang mengadopsi doktrin penjajah kolonial sebagai hipokrit. Bagi genootschap, orang-orang ini adalah pengkhianat leluhur, karena mereka telah mengadopsi doktrin religius dari penindas kolonial—orang-orang yang sama yang menindas dan membunuh nenek moyang mereka.

Kontradiksi ini menciptakan jurang yang lebih dalam dalam masyarakat, di mana anggota Vishnuh-Genootschap membedakan diri dengan menolak kepercayaan yang telah mengakar ini. Mereka menyerukan kembali ke akar budaya dan spiritualitas mereka, dan menekankan perlunya mengakui kebenaran tentang sejarah mereka. Mengakui warisan menyakitkan dari kolonialisme dan perjuangan untuk menemukan identitas yang autentik adalah langkah penting dalam usaha mereka menuju pemenuhan diri dan pemulihan. Konflik antara norma-norma religius yang mapan dan seruan untuk keaslian ini menimbulkan pertanyaan tentang masa depan komunitas Suriname dan pencarian mereka akan pengakuan dan harga diri.

...Namun bagi Lancar, ini adalah saat untuk menjelajahi dunia, dunia yang krusial bagi masa depan genootschap. Dengan hanya ada sekolah Katolik dan sekolah Kristen Reformasi di sekitarnya, Lancar terdaftar di sekolah Katolik yang bernama St. Helena.

Dalam kunjungan pertamanya ke sekolah, Vishnuh-Genootschap dengan tegas menjelaskan kepada kepala sekolah, yang juga dikenal sebagai direktur, bahwa mereka tidak akan mentolerir bentuk penyalahgunaan apa pun terhadap Lancar oleh para guru.

Selain itu, mereka menekankan bahwa Lancar bebas untuk mengenakan seragamnya sendiri, bahwa dia tidak terikat pada agama tertentu, dan bahwa dia diperbolehkan meninggalkan sekolah jika dia merasa bosan.

Namun, meskipun ada kesepakatan yang jelas ini, segalanya salah satu hari.

Guru Tionghoa dengan tangan longgar.

'Siapa pun yang pada waktu itu tidak mematuhi kekejaman dari keturunan Suriname dari populasi budak sering kali diabaikan.

Guru Tionghoa yang berkonfrontasi dengan Lancar adalah contoh yang jelas tentang penjilat terbaik.

Dia adalah seseorang yang bersikap tunduk untuk diterima dalam kelompok guru yang tidak berperasaan di sekolah.

...Situasi ini mencerminkan dinamika sosial yang mendalam dalam komunitas sekolah. Dalam lingkungan di mana kekuasaan dan konformitas sangat dihargai, mereka yang tidak sejalan dengan norma yang berlaku sering kali terpinggirkan.

Guru Tionghoa, meskipun terampil dalam bidangnya, memilih untuk menyisihkan nilai dan integritasnya sendiri untuk memenuhi harapan rekan-rekannya.

Ini bukan hanya strategi bertahan hidup, tetapi juga ilustrasi menyedihkan dari harga yang terkadang harus dibayar untuk diterima dalam lingkungan yang tidak toleran.

Perilakunya menyoroti kompleksitas identitas dan loyalitas dalam masyarakat multikultural.

Sementara dia mewakili latar belakang dan nilai budaya sendiri, dia mungkin merasakan tekanan untuk menyesuaikan diri dengan budaya dominan untuk mempertahankan posisinya.

Konflik antara integritas pribadi dan penyesuaian sosial adalah dilema yang dihadapi banyak orang dalam situasi di mana norma dan nilai komunitas bertentangan dengan keyakinan individu. Meskipun demikian, penting untuk diakui bahwa pilihan guru Tionghoa untuk menyesuaikan diri dengan norma yang berlaku tidak selalu merupakan tanda kelemahan, tetapi lebih merupakan strategi bertahan hidup yang pragmatis dalam lingkungan yang menantang. Ini menggambarkan kompleksitas hubungan manusia dan dinamika kekuasaan yang sering kali halus yang dapat mempengaruhi pilihan dan perilaku individu. Dan mereka yang terlibat harus menanggung konsekuensi dari perilaku mereka terhadap satu atau lebih individu tanpa mengeluh, karena tidak semua orang mendapat manfaat dari keterlibatan mereka dalam tindakan semacam itu.

Pada suatu pagi Jumat, guru Tionghoa, yang mengajar fisika, memanggil Lancar ke depan kelas karena dia tidak mengumpulkan PR-nya. Guru meminta dia untuk mengulurkan lengan dan tangan.

Sementara Lancar melakukan apa yang diperintahkan, tiba-tiba guru itu mengeluarkan sebatang kayu tebal untuk memukul jari-jari Lancar. Usaha ini gagal, karena Lancar cepat-cepat menarik tangannya kembali dan mundur dengan tergesa-gesa sampai ke mejanya. Di sana, ia dengan cepat mengambil ketapel dan sebatang batu besar dari mejanya dan meletakkan proyektil di atas karet.

DENGAN TATAPAN TERFOKUS pada tujuannya, ia melangkah maju perlahan seperti seorang pemburu terlatih untuk memastikan tembakannya akurat. Guru itu menatap dengan mata terbelalak, terkejut oleh tindakan tak terduga Lancar. Momen itu tegang, dan keheningan di kelas terasa ketika semua mata tertuju pada Lancar dan ketapelnya.

Seolah-olah waktu terhenti sejenak, sementara Lancar mengambil posisinya dan bersiap untuk menembak. Guru, yang awalnya terkejut oleh tindakan Lancar, kini terlihat dengan campuran kebingungan dan kekhawatiran. Dia tidak tahu apa yang bisa diharapkan dan mulai bertanya-tanya bagaimana dia harus bereaksi terhadap perkembangan tak terduga ini.

Sementara itu, Lancar merasakan adrenalin mengalir dalam tubuhnya saat ia memusatkan perhatian pada tujuannya dan mengarahkan ketapel ke arah guru Cina. Jantungnya berdetak kencang di dadanya saat ia bersiap untuk menembak, bertekad untuk menyampaikan maksudnya dengan jelas. Ketegangan di udara hampir dapat dirasakan; mata teman-teman sekelasnya tertuju padanya, penuh antisipasi dan sedikit ketakutan. Ini adalah momen yang ditunggunya, kesempatan untuk mengungkapkan frustrasinya, dan ia bertekad untuk melakukannya.

Sebelum guru itu sempat mengatakan sesuatu, ia terkena batu dari ketapel di bawah mata kanannya, yang mengakibatkan pendarahan hebat. Suara batu yang mengenai sasaran terdengar seperti bunyi gedebuk, dan kelas meledak dalam jeritan terkejut. Para siswa tampak sejenak terdiam karena keheranan sebelum suara kursi yang digeser ke belakang memenuhi ruangan, sementara mereka mundur, terkejut oleh eskalasi situasi yang tiba-tiba.

Kekacauan yang terjadi setelahnya sangat intens. Beberapa siswa berteriak, sementara yang lain menutup mulut mereka dengan tangan untuk menekan reaksi terkejut mereka. Lancar merasakan campuran adrenalin dan kepanikan. Apakah ini benar-benar yang ia inginkan? Apakah ia berhasil menyampaikan maksudnya, atau malah memperburuk situasi? Ketakutan dan kebingungan di dalam ruangan terasa nyata. Lancar tetap tenang, berkat adrenalin yang mengalir dalam tubuhnya, tetapi jauh di dalam hatinya, keraguan mulai muncul. Ini bukan lagi permainan; keseriusan situasi menghadapkannya pada kemungkinan konsekuensi dari tindakannya. Para siswa menatap dengan mata terbelalak, beberapa mengarah ke pintu, bertanya-tanya apakah mereka harus melarikan diri atau meminta bantuan. Ada campuran aneh antara rasa ingin tahu dan ketakutan; ketegangan menggantung di udara seperti badai yang mengancam.

Guru telah kehilangan kendali atas kelas. Anak-anak berada dalam keadaan kekacauan dan kebingungan. Guru itu meraih matanya yang terluka, wajahnya berkerut karena sakit. Ia terhuyung mundur. Guru itu, dengan tangannya menempel di wajahnya, tampak dalam keadaan syok, dan darah menetes di antara jarinya, menciptakan pemandangan yang tidak diinginkan di depan kelas. Kelas tetap hening, terkejut oleh perubahan kekerasan yang tiba-tiba dalam peristiwa.

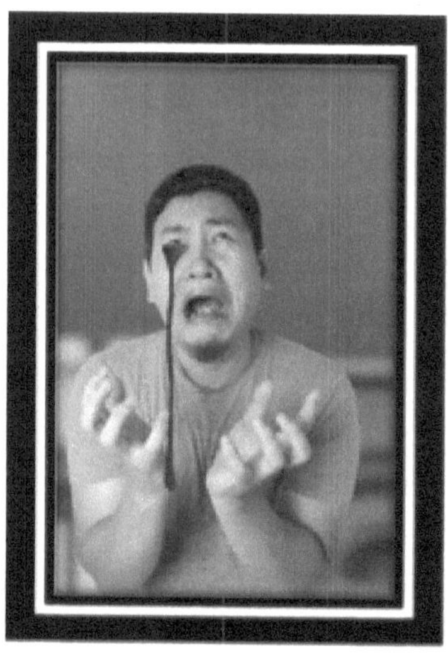

DI SANA BERDIRI LANCAR, penuh tekad, sambil memandang guru yang terluka tanpa sedikit pun penyesalan. Pada saat itu, muncul dalam pikirannya: "Nah, sekarang kamu tidak akan memukul anak-anak lagi, Pak."

Itu adalah campuran antara triump dan keadilan yang melintas di benaknya. Dengan langkah cepat, Lancar pergi, jantungnya berdetak kencang di dadanya. Sesampainya di rumah, Lancar tidak menceritakan apa pun tentang insiden itu. Sebaliknya, ia langsung kembali ke aktivitas sehari-harinya, seolah tidak ada yang luar biasa terjadi.

Keesokan paginya, ia kembali ke sekolah. Sebelum ia bisa memasuki halaman sekolah, kepala sekolah mendatanginya, jelas menunggu kedatangannya. Dengan tatapan serius, kepala sekolah mengisyaratkan agar Lancar pergi, sambil berkata, "Kamu tidak lagi diterima di sekolah ini."

Ketika Lancar mengetahui bahwa ia tidak lagi diterima di sekolah, itu sangat memengaruhinya. Tertegun dan bingung, ia memandang kepala sekolah, tidak mampu memahami mengapa ia dihukum. Pikiran-pikirannya meluncur seperti badai ganas saat ia mencoba memahami apa yang sebenarnya terjadi dan mengapa kepala sekolah mengambil keputusan yang begitu drastis. Rasa sakit dari penolakan itu menyayat hatinya seperti pisau tajam, dan ia merasa tak berdaya menghadapi situasi mendadak dan tidak adil ini. Ia hanya membela diri dari seorang pria dewasa yang memukul anak-anak dan juga ingin memukulnya.

Kepala sekolah menjelaskan bahwa insiden hari sebelumnya memiliki konsekuensi serius dan bahwa keselamatan serta kesejahteraan para guru harus dijamin. Saat kata-kata itu menyentuhnya, Lancar merasakan beban ketidaktahuan yang berat di pundaknya. Ia tidak bisa memahami mengapa tindakannya untuk melindungi diri sendiri dianggap sebagai ancaman. Seolah-olah tindakan yang diambilnya, yang muncul dari kebutuhan murni, telah diputarbalikkan dan diubah menjadi serangan.

Kepala sekolah meminta Lancar untuk tetap di rumah selama sisa hari itu dan tidak kembali ke sekolah; ia akan dikeluarkan dari sekolah. Kata-kata keras ini perlahan-lahan menyentuhnya, dan dengan setiap kalimat, ia merasakan dunia di sekelilingnya memudar. Ia tidak bisa memahaminya: tempat di mana ia sesekali datang untuk belajar tentang dunia luar, tiba-tiba menjadi tidak dapat dijangkau. Kelas, yang dulunya menjadi sumber pengetahuan dan inspirasi, kini terasa seperti dunia tertutup, dikelilingi oleh tembok kekacauan dan ketidakjelasan yang tak teratasi. Kegembiraan yang pernah ia rasakan saat belajar hal-hal baru, menjelajahi konsep-konsep yang tidak dikenal, digantikan oleh rasa terasing.

Lancar melihat sekeliling dan merasakan campuran frustrasi dan kesedihan. Bagaimana ia bisa terus memberi makan pengetahuan dan rasa ingin tahunya jika ruang di mana ia berada begitu terganggu?

Amarah dan kekecewaan melanda dirinya. Ia merasa tidak dipahami dan diperlakukan tidak adil, karena ia hanya bereaksi terhadap ancaman dari guru yang ingin memukulnya.

Kebingungan di dalam pikirannya memberi jalan pada kesedihan yang mendalam. Bagaimana mungkin ia, yang selalu berusaha melakukan apa yang benar, sekarang dihukum?

Sesampainya di rumah, dengan perasaan cemas, Lancar menceritakan kepada neneknya tentang larangan mendadak dari kepala sekolah. Saat ia menceritakan kisahnya, suaranya bergetar karena emosi, dan ia merasakan dukungan tanpa syarat dari neneknya seperti pelukan hangat di saat-saat sulit ini. Terkejut mendengar apa yang terjadi, nenek segera menghubungi Pemimpin Vishnuh-Genootschap, Poniman Bandjar Pandé. Ia merasa sangat penting untuk meminta klarifikasi dari pihak sekolah dan tidak membiarkan ketidakadilan ini berlanjut.

Bertekad untuk memperbaiki situasi, nenek tidak berencana untuk menerima keputusan tersebut. Ia memahami keseriusan masalah ini dan ingin melakukan segalanya untuk membantu cucunya. "Ini tidak bisa dibiarkan begitu saja," katanya tegas, suaranya kuat dan penuh keyakinan. "Lancar hanya membela diri dari ketidakadilan, dan dia tidak pantas dihukum. Ini bukan hanya perjuangannya, tetapi juga soal prinsip."

Ia tahu bahwa Vishnuh-Genootschap tidak akan membiarkan kepala sekolah bertindak sewenang-wenang. Organisasi ini selalu berdiri untuk keadilan dan integritas, dan ia percaya sepenuhnya bahwa Pemimpin akan menangani masalah ini dengan serius. Bagi nenek, ini adalah kesempatan untuk membela tidak hanya Lancar, tetapi juga anak-anak lain yang mungkin berada dalam situasi serupa.

Dengan keteguhan hatinya sebagai panduan, dia berbicara dengan Poniman Bandjar Pandé. Dia menjelaskan situasi, membahas kekhawatirannya, dan meminta untuk berbicara dengan pihak sekolah. "Lancar adalah anak yang baik dengan rasa keadilan yang kuat," tekannya. "Sangat penting bagi kita untuk memperbaiki ini, bukan hanya untuknya, tetapi juga untuk mengirimkan pesan bahwa ketidakadilan semacam ini tidak akan ditoleransi di komunitas kita."

Atasan mendengarkan kata-katanya dengan saksama dan berjanji untuk menyelidiki masalah tersebut secara mendalam. Dia mengerti bahwa ini lebih dari sekadar masalah sekolah; ini berkaitan dengan prinsip-prinsip kehormatan dan keadilan yang dijunjung tinggi oleh perkumpulan. Setelah percakapan, nenek merasa secercah harapan muncul. Dia tahu bahwa mereka tidak sendirian dalam perjuangan ini dan bahwa mereka bisa berjuang bersama untuk keadilan.

Lancar, yang mendengar neneknya berbicara dengan penuh tekad, merasakan gelombang kelegaan mengalir dalam dirinya. Mungkin ada cara untuk memperbaiki ketidakadilan ini. Dukungan neneknya memberinya kekuatan untuk terus berjuang demi hak-haknya dan hak-hak teman-teman sekelasnya. Bersama-sama, mereka bertekad untuk memastikan suaranya didengar, terlepas dari rintangan yang harus mereka atasi. Perjuangan ini bukan hanya untuk Lancar, tetapi untuk setiap anak yang berhak merasa aman dan didengar di sekolah.

Sementara itu, Lancar tetap di rumah, perasaan campur aduk melintas di pikirannya. Di satu sisi, Lancar senang bahwa dia tidak perlu lagi pergi ke sekolah yang membosankan itu, tempat di mana dia sering merasa tidak dipahami dan tertekan. Tetapi di sisi lain, perasaan kurangnya itu mengganggunya. Dia ingin memahami bagaimana keadaan di sisi lain dinding, untuk mengenal mereka yang telah mengganggunya. Pengetahuan itu akan membantunya untuk melawan mereka nanti, untuk menghadapi dan membantah ketidakadilan yang telah dia alami.

Sambil tetap di rumah, dia merenungkan apa yang telah terjadi. Peristiwa-peristiwa itu seperti bayangan yang melintas di pikirannya, dan dia tidak bisa lolos dari pertanyaan-pertanyaan yang muncul. Apa yang akan terjadi di masa depan jika orang-orang yang teraniaya tidak lagi boleh membela diri? Dunia seperti apa itu, di mana kamu tidak bisa mengungkapkan suaramu, di mana kamu tidak bisa berbicara melawan ketidakadilan?

Ketidakpastian itu membebani dirinya, seperti beban berat di pundaknya. Namun, dia tetap bertekad. Dia menolak untuk menyerah di bawah tekanan situasi. Kekuatan batinnya memberinya keberanian untuk tetap setia pada siapa dirinya: keras, teguh, dan adil. Lancar tahu bahwa perjuangannya bukan hanya miliknya sendiri, tetapi juga menceritakan kisah yang lebih besar, sebuah kisah tentang ketahanan dan harapan.

Dalam kesunyian rumahnya, dia memutuskan untuk menggunakan waktu ini untuk tumbuh dan menjadi lebih kuat. Dia tidak hanya akan menghadapi bayangan masa lalu, tetapi juga merangkul cahaya masa depan. Dia akan menemukan jalannya sendiri, dipersenjatai dengan kebijaksanaan dari pengalamannya, bertekad untuk terus berjuang untuk apa yang benar, terlepas dari rintangan yang akan datang.

Sangat dilarang untuk memukul Lancar, seperti yang telah ditegaskan oleh norma dan nilai-nilai komunitas. Kekerasan bukan hanya pelanggaran terhadap aturan, tetapi juga merusak saling menghormati dan kehormatan yang seharusnya dimiliki oleh anggota satu sama lain. Kedua, Lancar, menurut prinsip-prinsip ini, berhak untuk membela diri terhadap penganiayaan. Ajaran Vishnuh sangat jelas: "Seseorang tidak boleh mengangkat tangan terhadap orang lain, karena memukul adalah tanda penghinaan; seseorang tidak boleh memukul." Ini bukan sekadar sebuah ajaran, tetapi keyakinan mendasar yang menjunjung tinggi rasa hormat terhadap orang lain.

Bahkan jika upaya penganiayaan itu gagal, mengangkat tangan tidak bisa dibiarkan begitu saja. Itu setara dengan tindakan memukul, dan untuk itu, pembalasan diperlukan. Sangat penting bahwa prinsip-prinsip keadilan dan perlindungan dijunjung tinggi, terutama bagi mereka yang tidak mampu membela diri.

Reaksi Lancar terhadap kekerasan harus dianggap sebagai bentuk pembelaan diri yang sah, sebuah tanggapan yang diperlukan untuk mempertahankan hak dan martabatnya sendiri. Atasan yakin bahwa penting untuk tidak hanya melihat masalah ini sebagai insiden, tetapi sebagai kesempatan untuk membela dan memperkuat nilai-nilai komunitas. Ini tidak hanya akan membantu Lancar, tetapi juga menyampaikan pesan yang kuat kepada semua yang merupakan bagian dari perkumpulan: bahwa mereka tidak pernah sendirian dalam perjuangan melawan ketidakadilan.

Insiden ini menggambarkan penekanan yang diberikan oleh Vishnuh-Genootschap pada etika dan saling menghormati satu sama lain, bahkan dalam kondisi yang menantang. Perkumpulan ini mengajarkan anggotanya tidak hanya untuk melindungi diri sendiri, tetapi juga untuk memperjuangkan keadilan dan menghormati orang lain, bahkan ketika mereka dihadapkan pada ketidakadilan. Reaksi Lancar menunjukkan bagaimana nilai-nilai ini diterapkan dalam praktik, bahkan dalam momen konflik dan ketegangan. Sangat penting bahwa prinsip-prinsip ini diakui dan dihormati oleh semua pihak yang terlibat, termasuk pihak sekolah.

Reaksi Lancar juga menggambarkan pentingnya membela diri sendiri dan orang lain dalam situasi ketidakadilan. Vishnuh-Genootschap mengajarkan pengikutnya tidak hanya untuk melawan pelecehan fisik dan mental, tetapi juga semua bentuk ketidakadilan dan penindasan. Prinsip-prinsip ini bukan sekadar keyakinan teoritis; mereka dimaksudkan untuk diterapkan secara aktif dalam kehidupan sehari-hari. Insiden ini dengan Lancar adalah contoh jelas bagaimana ajaran ini diterapkan dalam praktik.

Ini menunjukkan kekuatan komunitas dan keteguhan individu untuk berdiri atas hak dan martabat mereka. Dengan merespons ketidakadilan, bahkan ketika itu membawa harga pribadi, anggota genootschap menunjukkan bahwa mereka bersedia membela satu sama lain. Tindakan ini bisa menjadi katalisator untuk perubahan positif, tidak hanya bagi Lancar, tetapi juga bagi orang lain yang memiliki pengalaman serupa.

Sikap berani Lancar dan dukungan dari neneknya serta genootschap menekankan pentingnya solidaritas dan dukungan timbal balik. Ini menunjukkan bahwa perjuangan melawan ketidakadilan bukan hanya perjuangan individu, tetapi upaya kolektif yang mengarah pada penghargaan yang lebih dalam terhadap martabat manusia. Ketika orang berkumpul untuk bersuara melawan ketidakadilan, mereka menciptakan gerakan kuat yang mempromosikan rasa hormat, pengertian, dan kesetaraan.

Insiden ini mengingatkan kita bahwa setiap tindakan melawan ketidakadilan adalah langkah menuju masyarakat yang lebih adil, di mana setiap individu memiliki hak untuk diperlakukan dengan hormat dan martabat. Vishnuh-Genootschap terus berkomitmen pada ideal ini dan mendorong setiap pengikut untuk berpartisipasi aktif dalam perjuangan melawan ketidakadilan dalam segala bentuknya.

Pesan dari komitmen ini sangat kuat: bahwa perubahan dimulai dengan tindakan individu dari keberanian dan empati. Dengan mengambil tanggung jawab untuk menghadapi ketidakadilan, kita dapat bersama-sama menciptakan budaya di mana kesetaraan dan keadilan menjadi norma. Ini memerlukan bukan hanya keberanian, tetapi juga pemahaman yang mendalam tentang nilai-nilai yang ingin kita promosikan.

Genootschap percaya pada kekuatan aksi kolektif, dan keyakinan ini mendorong anggotanya untuk memperjuangkan mereka yang kurang beruntung dan suara yang sering diabaikan. Dengan bekerja sama dan menggabungkan kekuatan kita, kita dapat memberikan dampak yang melampaui diri kita sendiri dan mempengaruhi dunia di sekitar kita secara positif.

Dalam semangat ini, penting bagi kita untuk tidak hanya mendukung diri kita sendiri, tetapi juga satu sama lain dalam pencarian keadilan. Setiap langkah, sekecil apa pun, berkontribusi pada keseluruhan yang lebih besar dan dapat membuat perbedaan dalam kehidupan orang lain. Bersama-sama, kita dapat membuka jalan menuju masa depan di mana rasa hormat dan martabat bagi semua menjadi dasar masyarakat kita.

Babhatan (= seruan untuk perang) diumumkan.

Keesokan harinya, sekelompok militan Vishnu muncul di sekolah, mencari guru Tiongkok yang ternyata tidak hadir dengan bijaksana.

Sekolah dikepung dan situasi menjadi tegang. Kepala sekolah, sosok yang mengesankan, diambil dari kantornya dan dibawa ke lapangan sekolah. Di sana, seorang pejuang dengan kasar menjatuhkannya ke tanah, sementara salah satu anggota kelompok itu duduk di perutnya dan mengancamnya dengan pisau, menekan pisau itu ke lehernya, yang membuat situasi semakin menakutkan. Tanggapan kekerasan dari para Vishnu yang militan ini menggambarkan seriusnya insiden tersebut dan tekad untuk mencari keadilan bagi Lancar dan orang lain yang telah menjadi korban kekerasan.

Ini juga menunjukkan kekuatan aksi kolektif dan kesiapan untuk membela prinsip-prinsip Vishnuh-Genootschap, bahkan jika itu melibatkan kekerasan. Tindakan para Vishnu menunjukkan bahwa mereka bertekad untuk melindungi integritas komunitas mereka dan membela mereka yang telah diperlakukan secara tidak adil.

Mereka bersedia bertindak tegas terhadap pelaku kekerasan dan pelecehan, tanpa ragu menggunakan cara kekerasan jika diperlukan. Ini mencerminkan dedikasi mendalam terhadap keadilan dan prinsip-prinsip Vishnuh-Genootschap, meskipun itu berarti mereka melanggar batas-batas norma hukum dan sosial yang tradisional. Meskipun tindakan para Vishnu mungkin kontroversial dan dapat menimbulkan pertanyaan tentang keabsahannya, itu juga menekankan seriusnya masalah yang dihadapi oleh Lancar dan orang lain. Ini mengingatkan kita bahwa kekerasan bukanlah solusi yang diinginkan, tetapi terkadang dapat digunakan sebagai upaya terakhir dalam perjuangan untuk keadilan dan perlindungan bagi yang rentan.

Pejuang tua yang duduk di atas kepala sekolah bertanya mengapa Lancar tidak lagi diterima di sekolah. Dengan suara bergetar, kepala sekolah menjawab: "Karena dia telah menembak seorang guru di antara matanya."

Pejuang itu kemudian bertanya: "Mengapa Lancar menembak guru Tiongkok itu?" Tiba-tiba, kepala sekolah memahami inti dari masalah tersebut. Dia menjawab: "Karena guru itu ingin memukul Lancar, yang seharusnya tidak terjadi, bahkan tidak dalam upaya untuk melakukannya."

Pejuang itu menjawab: "Jadi, karena orang Tiongkok itu ingin memukul Lancar, tetapi dia membela diri, maka dia tidak boleh lagi datang ke sekolah?" tanya pejuang itu dengan nada penuh kemarahan. "Jadi, sekarang kamu dihadapkan pada ini, kamu tiba-tiba mencoba cerdik dan membalikkan situasi, bukan?"

Kepala sekolah tiba-tiba menyadari ketidakadilan keputusannya dan menyatakan dengan ketakutan dalam suaranya: "Lancar boleh kembali ke sekolah dan tidak akan ada yang terjadi padanya, Tuan."

Pejuang itu menjawab: "Sayang sekali bahwa kamu yang memutuskan bahwa dia boleh kembali ke sekolah. Aku ingin sekali menyayat lehermu."

Pertukaran intens ini menunjukkan ketegangan dan emosi yang muncul ketika keadilan dikejar setelah ketidakadilan yang jelas. Ini juga menekankan kompleksitas dilema etis dan menegaskan perlunya solusi yang adil dan damai untuk konflik.

..Jenis konfrontasi ini menunjukkan betapa mendalamnya emosi dapat tertanam ketika orang-orang dihadapkan pada ketidakadilan. Ini juga mengungkapkan kekuatan keteguhan hati dan niat untuk membela apa yang benar, bahkan dalam keadaan yang paling menantang. Selain itu, hal ini menunjukkan bahwa menemukan keseimbangan antara keadilan dan perdamaian sangat penting untuk mempromosikan harmoni dan kesejahteraan dalam suatu masyarakat

Meskipun guru yang bersangkutan tidak hadir, para pejuang Vishnuh berhasil sebagian mencapai tujuan mereka. Namun, pengetahuan bahwa guru tersebut tidak selamat sedikit menghibur komunitas tersebut. Dengan pemikiran ini, mereka pulang, menyadari bahwa Panglima telah berbicara dengan kepala sekolah dan menjelaskan bahwa ia akan dimintai pertanggungjawaban atas tindakannya. Panglima tidak menyimpan kata-kata: jika ada insiden penyalahgunaan lain yang terjadi, kepala sekolah akan diminta pertanggungjawaban secara pribadi. Bahkan dalam hal ketidakhadiran, ia tidak akan bisa melarikan diri dari konsekuensi perilakunya; ia akan dikunjungi di rumahnya untuk mengambil tanggung jawabnya.

Sekolah sedang dalam kekacauan setelah konfrontasi dengan Panglima. Kabar burung beredar dan tatapan cemas saling dipertukarkan. Para guru dan siswa terkejut dengan cara keras Panglima menangani masalah tersebut. Tak seorang pun berani berbicara menentang otoritas kuat genootschap tersebut, dan banyak yang bertanya-tanya bagaimana mereka harus mendekati situasi ini.

Kepala sekolah, yang sebelumnya merupakan otoritas yang tak terbantahkan, merasakan tekanan semakin meningkat. Ia menyadari bahwa keputusannya akan memiliki konsekuensi, tidak hanya untuk dirinya sendiri, tetapi juga untuk komunitas sekolah. Kata-kata Panglima bergema di kepalanya, dan ia tidak dapat menghilangkan ketakutan bahwa ia akan segera dihadapkan pada konsekuensi dari tindakannya.

Bagi Lancar dan neneknya, ini berarti kemenangan, sebuah pengakuan terhadap nilai-nilai Vishnuh-Genootschap. Keteguhan hati mereka untuk melawan ketidakadilan tidak hanya membuat mereka lebih kuat, tetapi juga mengirimkan gelombang perubahan melalui sekolah. Saat mereka melanjutkan perjalanan pulang, mereka merasakan harapan dan keteguhan hati yang baru. Pertarungan untuk keadilan belum berakhir, tetapi mereka siap menghadapi setiap tantangan yang akan datang. Peristiwa ini menggambarkan dampak dan kekuatan Vishnuh-Genootschap, serta ketakutan yang ditimbulkannya di antara mereka yang berusaha melanggar aturan mereka.

Ketentraman yang terjadi setelahnya mencerminkan pengaruh dominan yang dimiliki genootschap dan ketidakberdayaan orang lain untuk melawan mereka. ...Insiden di sekolah dengan cepat menyebar di dalam komunitas Suriname, di mana kekerasan sayangnya bukan hal yang asing.

Dalam konteks ini, reaksi terhadap situasi Lancar sangat mengherankan karena bersifat hampir seragam. Banyak orang mendukung tindakan-tindakannya sebagai bentuk pembelaan diri, menekankan bahwa seorang anak berhak membela diri terhadap kekerasan fisik, bahkan jika itu berasal dari sosok otoritas. Kesepakatan ini menekankan keyakinan yang mendalam di dalam komunitas Vishnuh bahwa tidak ada siapa pun, terlepas dari posisinya, yang berhak menyiksa atau mengintimidasi seorang anak.

Komunitas melihat tindakan Lancar sebagai peringatan yang kuat terhadap perilaku kekerasan yang tidak pantas, terutama ketika itu berasal dari guru yang menyalahgunakan posisi kekuasaan mereka. Ini berfungsi sebagai sinyal yang jelas bahwa perilaku semacam itu tidak akan ditoleransi dan bahwa anak-anak berhak untuk melindungi diri mereka sendiri, bahkan terhadap sosok otoritas seperti guru. Selain itu, kepala sekolah dikritik karena menyetujui tindakan para gurunya, yang menekankan kebutuhan akan tanggung jawab dan integritas dalam sistem pendidikan.

Insiden ini memicu diskusi penting tentang peran otoritas dan dinamika kekuasaan di lembaga pendidikan, dan menekankan perlunya lingkungan belajar yang aman dan penuh rasa hormat untuk semua siswa. Dampak insiden ini melampaui mereka yang terlibat langsung, karena mengirimkan sinyal jelas kepada komunitas yang lebih luas di luar genootschap. Ini berfungsi sebagai pencegah terhadap kekerasan impulsif dan menekankan keseriusan situasi bagi mereka yang mempertimbangkan untuk menggunakan kekerasan sebagai dukungan terhadap otoritas.

...Ini menunjukkan bagaimana norma dan ekspektasi sosial dibentuk dan ditegakkan dalam suatu komunitas, dan bagaimana peristiwa tertentu dapat menjadi katalisator untuk perubahan perilaku dan sikap. Peristiwa di sekitar tindakan Vishnuh-Genootschap tidak hanya mencerminkan tindakan langsung mereka, tetapi juga pengaruh mendalam yang mereka miliki di dalam komunitas Suriname.

...Ini menunjukkan bagaimana reputasi dan aktivitas mereka berdampak pada masyarakat yang lebih luas, dan pada saat yang sama menyoroti kompleksitas dinamika sosial dan struktur kekuasaan dalam komunitas tersebut. Insiden ini dapat dianggap sebagai momen introspeksi bagi genootschap dan masyarakat secara keseluruhan, yang memunculkan pertanyaan tentang sifat keadilan, kekuasaan, dan tanggung jawab.

...Sebagai kelompok yang kuat dan berpengaruh, Genootschap Vishnuh dianggap sebagai penjaga etika dan keadilan, tetapi juga sebagai kekuatan yang tidak ragu untuk mempertahankan kepentingannya dengan tegas.

Tindakan mereka mengirimkan pesan yang kuat kepada sisa komunitas: pelanggaran terhadap aturan mereka tidak akan tanpa konsekuensi. Ketakutan yang dirasakan di antara mereka yang bertentangan dengan Genootschap Vishnuh hampir terasa nyata.

Prospek untuk dihadapkan dengan para pejuang genootschap membawa ketakutan yang mendalam, sehingga banyak yang ragu untuk menunjukkan bahkan sekadar penampilan perlawanan.

Ketenangan yang mengikuti kepergian para pejuang adalah lebih sebagai penyerahan kepada pengaruh dominan genootschap daripada sebagai perdamaian yang sejati.

Alih-alih memberikan perlawanan secara terbuka, banyak yang memilih untuk diam-diam mengakui kekuasaan dan otoritas Genootschap Vishnuh, karena takut akan kemungkinan konsekuensi.

Fenomena ini mengilustrasikan pengaruh yang mendalam dan taktik intimidasi genootschap, dan menimbulkan pertanyaan tentang batas kebebasan individu dan ketaatan sosial di dalam komunitas.

Dinamika antara Genootschap Vishnuh dan komunitas Suriname memberikan cahaya yang menarik tentang kompleksitas kekuasaan, pengaruh, dan konformitas sosial. Ini menimbulkan pertanyaan tentang hakikat keadilan, batas otoritas, dan harga dari penyerahan kepada tatanan yang berkuasa. Oleh karena itu, tindakan tegas diperlukan untuk perlindungan diri dan pencegahan.

Genootschap Vishnuh telah belajar selama berabad-abad bahwa kelemahan terhadap ancaman potensial hanya akan mengarah pada pengunduran nilai dan komunitas mereka.

Tangan besi yang ditunjukkan oleh genootschap tidak hanya berfungsi sebagai alat pencegah yang kuat terhadap pelanggaran di masa depan, tetapi juga sebagai pernyataan tekad mereka untuk melindungi pandangan hidup dan budaya mereka dari pengaruh eksternal yang mereka anggap tidak dapat diandalkan.

Tindakan keras genootschap dapat dilihat sebagai langkah yang diperlukan untuk memastikan integritas dan keamanan komunitas.

Meskipun ini mungkin kontroversial, mereka percaya bahwa lebih baik untuk bertindak secara proaktif menghadapi ancaman potensial daripada menunggu pasif hingga masalah muncul. Tindakan Genootschap Vishnuh harus dipahami dalam konteks pengalaman berabad-abad di mana Gereja Katolik secara berulang kali menunjukkan ketidakandalan mereka.

Sejarah penyalahgunaan kekuasaan dan pemaksaan ketaatan telah memiliki dampak mendalam pada cara komunitas melihat otoritas dan keadilan.

Ketidakpercayaan yang mendalam terhadap orang Katolik mungkin telah mendorong Genootschap Vishnuh untuk mengadopsi sikap defensif dan asertif terhadap komunitas mereka.

Sejarah penyalahgunaan kekuasaan dan penegakan dogma yang kaku telah mengarah pada refleksi kritis tentang hakikat otoritas dan perlunya otonomi dalam masyarakat Suriname.

Dalam konteks ini, tindakan Genootschap Vishnuh tidak hanya dilihat sebagai reaksi terhadap ancaman eksternal, tetapi juga sebagai upaya untuk mewujudkan model alternatif kepemimpinan komunitas dan pemerintahan sendiri. Dengan berpegang pada keyakinan dan tradisi mereka sendiri, mereka berusaha untuk memberikan keseimbangan terhadap dominasi kekuatan eksternal dan menciptakan ruang di mana kebebasan individu dan otonomi kolektif dapat berkembang. Dan jangan lupa bahwa sebagian besar orang Suriname lebih religius daripada paus, yang berarti bahwa kejahatan terletak dalam diri mereka.

Mereka telah mengadopsi kebiasaan buruk dari para kolonialis dan dari para penguasa kulit putih yang kejam sebelumnya.

"Hati-hati dalam berurusan dengan orang beriman, karena keyakinan mereka sering kali sangat mendalam dan merupakan bagian penting dari identitas mereka."

Genootschap Vishnuh tidak hipokrit. Oleh karena itu, mereka menegaskan: 'Kami tidak memiliki rasa hormat terhadap kepercayaan apa pun, mengingat keburukan yang telah mereka lakukan selama berabad-abad terhadap sesama manusia yang tidak bersalah atas nama Tuhan/Allah/Yesus yang mereka ciptakan sendiri, dll.'

Kata-kata ini mencerminkan tekad Genootschap Vishnuh untuk tetap teguh dalam keyakinan mereka, bahkan jika itu berarti mereka harus menentang norma-norma agama yang mapan.

Mereka menekankan pentingnya mengevaluasi secara kritis keyakinan religius dan menolak dogma yang dapat merugikan orang lain. Ini adalah pesan yang kuat yang menyerukan toleransi dan rasa hormat terhadap semua orang, tanpa memandang ras, pangkat, status, dan asal usul, sambil tetap menekankan tanggung jawab untuk mengungkapkan ketidakadilan dan penyalahgunaan.

Pesan ini mengingatkan kita bahwa penting untuk memperlakukan satu sama lain dengan rasa hormat dan pemahaman, terlepas dari perbedaan kita. Ini menekankan pentingnya kesetaraan dan keadilan dalam masyarakat, dan mendorong tindakan melawan diskriminasi dan penindasan di mana pun mereka terjadi.

Ini adalah seruan yang kuat untuk solidaritas dan perjuangan menuju dunia di mana setiap orang memiliki kesempatan dan hak yang sama.

Anak laki-laki kulit
hitam itu salah mengira.

Di sekolah Lancar, pada waktu itu, adalah kebiasaan untuk membagikan susu, dan semua orang harus antre dengan cangkir mereka. Itu adalah pemandangan sehari-hari yang menyatukan anak-anak dan menciptakan rasa komunitas saat mereka menikmati porsi susu harian mereka.

Barisan cangkir adalah pemandangan yang familiar di halaman sekolah, dan ritual pembagian susu adalah bagian kecil tetapi penting dari hari sekolah mereka.

Selama salah satu kesempatan ini, tiba-tiba seorang anak laki-laki kulit hitam besar dari kelas 7 mendorong dirinya maju dan mencoba untuk bergabung dalam antrean tepat di depan Lancar. Lancar, yang bertubuh kecil, tidak mentolerir perilaku ini dan mengetuk punggung anak laki-laki itu. Dia kemudian memberitahunya dengan sopan bahwa dia telah salah antre.

Dengan tekad dan sikap tenang, Lancar menunjukkan bahwa dia tidak takut untuk membela apa yang benar, bahkan jika secara fisik dia tidak sekuat yang lain. Dia bertindak dengan rasa hormat dan kebaikan, tetapi sekaligus menegaskan bahwa dia tidak akan mentolerir pelanggaran terhadap aturan atau gangguan kepada orang lain.

Tetapi anak itu tidak mendengarkan dan terus merangsek di antara mereka, sambil mengadopsi sikap yang berani.

Meski upaya Lancar untuk menyelesaikan situasi dengan damai, anak itu terus bersikeras dengan perilakunya yang tidak sopan. Lancar merasa kesabarannya perlahan-lahan habis, tetapi tetap tenang.

DENGAN TATAPAN TEGAS, dia memandang anak itu, bertekad untuk membuatnya merasakan konsekuensi dari ketidaksopanan yang dilakukannya.

Dia tahu saatnya untuk menetapkan batas dan menunjukkan bahwa rasa hormat dan kesopanan sangat penting dalam komunitas.

Tanpa ragu, Lancar meraih pisau yang ia sembunyikan di bajunya dan menikam anak laki-laki kulit hitam itu dalam-dalam di bokongnya. Rasa sakit yang tajam menghujam anak itu, yang berteriak ketakutan dan kesakitan, seolah-olah diserang oleh kekuatan supranatural. Dia jatuh ke tanah, wajahnya meringis karena sakit, sementara darah mengalir di sepanjang kakinya.

Semua orang tertegun melihat anak itu, yang tergeletak di tanah meringis kesakitan. Itu adalah kesalahannya sendiri, karena siapa yang secara sengaja menginjak ekor harimau yang tertidur, juga harus menerima akibatnya, pikir Lancar saat itu dan dengan cepat menyimpan pisau yang berlumuran darah itu di sarungnya.

Lancar memanfaatkan keributan itu dan dengan cepat melangkah maju untuk mengambil susu. Saat si penyaji teralihkan perhatiannya oleh keramaian, Lancar melayani dirinya sendiri dan juga membawa sebuah karaf susu besar yang berada di samping untuk keluarganya di komunitas. Mereka juga ingin merasakan sedikit.

Dengan beberapa karaf susu tersedia, Lancar berpikir bahwa sekolah pasti tidak akan kekurangan jika dia mengambil satu untuk komunitasnya sendiri. Dan Tuhan tidak akan keberatan, karena Dia tidak secara khusus melindungi sekolah Katolik tempat dia belajar. Dia teringat pada tindakan dalam kisah Yesus yang dianggap sebagai semacam Robin Hood pada zamannya. Yesus mencuri roti dan ikan dari orang kaya dan membagikannya kepada para pengungsi miskin di Helios, di mana dia juga tinggal saat itu.

Sementara itu, berbagai guru datang untuk membantu anak laki-laki itu. Mereka memberikan pertolongan pertama kepada anak laki-laki kulit hitam yang berani itu, dikelilingi oleh teman-teman sekelas yang menonton dengan perasaan campur aduk. Lancar mendengar seorang guru bertanya di atas jeritan: 'Siapa yang melakukan ini?' Satu-satunya yang bisa diucapkan oleh anak yang terluka itu adalah: 'Anak itu, anak itu.'

Anak laki-laki kulit hitam itu tidak tahu namanya, dan lebih jauh lagi, tidak ada yang melihat kejadian tersebut.

Situasi tetap diliputi misteri, dengan Lancar sebagai satu-satunya saksi dari peristiwa tersebut.

Akhirnya, tampaknya anak berani itu telah belajar pelajaran, karena dia dikenal sebagai pengganggu dan tidak disukai oleh anak-anak lain di sekolah. Lancar tidak memberikan perhatian lebih pada keributan itu. Dengan tenang, dia berjalan menuju tempat di mana sapi dan gerobak sapinya menunggu di luar pagar sekolah. Dia berangkat pulang, sambil menikmati susu sapi segar di sepanjang jalan.

Ketika Lancar tiba kembali di komunitasnya dan membagikan susu, dia menceritakan apa yang terjadi. Dia mendapatkan tatapan persetujuan dari segala arah.

Dia telah melawan ketidakadilan, dan semua orang di komunitas merasa bangga padanya.

Kisah Lancar memenuhi komunitas dengan rasa bangga. Anggota keluarganya (komunitas) menatapnya dengan penuh kekaguman dan mendengarkan cerita-ceritanya dengan penuh hormat.

Tindakan keberanian dan keteguhannya diakui sebagai tanda kekuatan batinnya. Dia dianggap sebagai contoh keteguhan dan ketahanan, dan ceritanya menginspirasi orang lain untuk mengatasi hambatan mereka sendiri. Dia tidak takut pada yang besar maupun yang kecil. Neneknya, dengan kilau di matanya, memeluknya erat-erat dan memuji integritas dan keberaniannya.

Atasan, seorang pria yang sedikit bicara tetapi bertindak tegas, mengangguk setuju dan berkata bahwa dia bangga padanya.

Dia berkata: 'Anak-anak kulit hitam seperti itu tidak mengindahkan kata-kata, tetapi hanya memahami rasa sakit. Semakin keras kamu memukul mereka, semakin taat mereka. Semakin banyak kamu menindas mereka, semakin dicintai kamu.

Itu terlihat dari orang tua mereka sendiri, yang telah mengadopsi dan menginternalisasi doktrin penindasan dari roh jahat nenek moyang mereka. Mereka tidak memiliki identitas sendiri, tidak ada jejak rasa malu atau harga diri.

Mereka hanya mendengarkan suara tamparan dan cambukan yang mengenai tubuh mereka.

Saat malam tiba dan keluarga berkumpul untuk makan malam, suasana persatuan dan kepuasan terasa. Lancar merasa diperkuat oleh dukungan orang-orang terkasihnya dan tahu jauh di lubuk hatinya bahwa dia telah bertindak benar dengan melawan ketidakadilan, meskipun sayangnya darah telah mengalir.

Keyakinan dan keteguhan batin Lancar tidak tergoyahkan, dan dia menganggap sebagai suatu kehormatan bahwa dia telah menjadi suara keadilan, bahkan dalam keadaan sulit. Dia telah bertindak dengan berani dengan cara yang hanya bisa dipikirkan orang lain, tetapi tidak pernah dilakukan.

... Tindakannya adalah manifestasi dari ketidakpijakan, didorong oleh keyakinan yang mendalam terhadap apa yang benar dan perlu.

... Dengan bertindak dengan cara yang dianggap terlalu berisiko atau kontroversial oleh orang lain, dia menunjukkan keteguhan dan ketekunan yang luar biasa dalam upayanya untuk perubahan dan kemajuan. Tindakannya bukan hanya tindakan keberanian individu, tetapi juga sumber inspirasi bagi orang lain untuk bersuara dan membela apa yang benar.

Dia membawa perubahan dalam cara orang berpikir dan bertindak, serta membuka pintu untuk kemungkinan dan perspektif baru.

... Contohnya mengingatkan kita bahwa perubahan nyata sering dimulai dengan satu individu yang bersedia berdiri dan membuat perbedaan, bahkan jika itu berarti dia harus bertindak melawan arus sendirian.

... Dampak dari tindakannya menjangkau lebih dari sekadar hidupnya sendiri, dan warisannya terus hidup dalam hati dan pikiran mereka yang telah melintasi jalannya.

... Keputusan beraninya sepanjang hidupnya tidak hanya mengubah jalannya sejarah, tetapi juga cara kita memandang apa yang mungkin terjadi ketika seseorang berpegang pada keyakinan mereka dan memperjuangkan keadilan, bahkan di hadapan perlawanan."

Meskipun Pemimpin komunitas bangga dengan tindakan tegas Lancar, dia memutuskan untuk berjaga-jaga dengan mengadakan pertemuan dengan serikat prajurit. Mereka memutuskan untuk mengikuti Lancar dari jarak jauh keesokan harinya dan siap siaga jika orang tua anak laki-laki tersebut datang meminta pertanggungjawaban, mungkin disertai anggota keluarga lainnya.

Komandan ingin memastikan bahwa Lancar tetap aman, bahkan dalam kemungkinan konfrontasi. Ketegangan terasa di udara saat para prajurit berkumpul di tengah lapangan keesokan paginya. Mereka berdiri siap dengan persenjataan berat untuk melindungi Lancar, jika diperlukan. Ketegasan mereka terasa di udara, dan mereka bertekad untuk memastikan bahwa Lancar aman, apapun yang terjadi. Komunitas memandang mereka dengan penuh harapan, percaya pada perlindungan mereka di masa yang tidak pasti ini. Kehadiran mereka di dekat Lancar harus tetap tidak terdeteksi.

Komandan berbicara dengan tekad dan memperingatkan tentang kemungkinan konfrontasi. Tugas mereka jelas: menjaga keamanan Lancar dan melindunginya dari kemungkinan pembalasan. Sementara Lancar tidak menyadari pengejaran dan suasana tegang, dia berangkat dengan baik hati menggunakan kereta sapi menuju sekolah. Ketika dia mendekati halaman sekolah, dia terkejut melihat banyak orang berkumpul. Jantungnya berdebar ketika dia melihat anak laki-laki besar yang hitam, diiringi oleh beberapa orang dewasa, menatapnya dengan mata marah yang besar.

Kehadiran mendadak kelompok ini membuat Lancar menyadari bahwa ada sesuatu yang serius sedang terjadi, tetapi dia tidak tahu apa yang akan menimpanya. Dia tidak merasa takut, dan lebih lagi, dia membawa pisaunya. Lancar sadar akan kemampuannya untuk membela diri jika diperlukan. Dengan ketegasan yang tenang, dia turun dari kereta sapinya dan menuju kerumunan, bersiap menghadapi apa yang akan datang. Setibanya di halaman sekolah, Lancar melihat bahwa para dewasa yang berdiri di dekat anak laki-laki itu membungkuk dan berbicara satu sama lain. Tiba-tiba, mereka meninggalkan halaman sekolah tanpa melihat ke belakang, dengan anak laki-laki di tengah mereka.

Perputaran peristiwa yang tidak terduga membuat Lancar merasa lega dan terkejut, saat dia bertanya-tanya apa yang mendasari kepergian mendadak kelompok itu. Kemudian, menjadi jelas bahwa para dewasa telah melihat kelompok prajurit yang berdiri jauh di sana dan, melihat Lancar, menyadari bahwa dia seorang Vishnuist. Pengetahuan bahwa Lancar seorang Vishnuist dan dilindungi oleh para prajurit dari Genosschaft Vishnuh membuat mereka memutuskan untuk tidak melanjutkan konfrontasi dan meninggalkan halaman sekolah.

Suasana yang mengancam berubah tiba-tiba saat kelompok itu mundur, mengetahui bahwa mereka tidak dapat melawan perlindungan yang dinikmati Lancar. Bahaya tampaknya telah terhindar, dan Lancar bisa bernapas lega saat melihat kerumunan perlahan-lahan membubarkan diri. Kehadiran gilda prajurit dari genosschaft berfungsi sebagai pencegah dan memastikan bahwa Lancar aman dari kemungkinan pembalasan.

Di kelas, suasana hening seperti tidak ada yang terjadi. Para guru menatap Lancar dengan diam-diam, tatapan mereka penuh dengan pertanyaan yang tidak terucapkan. Sementara itu, kepala sekolah tidak muncul untuk membicarakan apa yang terjadi sehari sebelumnya, yang hanya menambah ketegangan di kelas. Lancar merasakan keheningan yang canggung di sekitarnya, menyadari emosi yang tertekan yang menguasai suasana.

Selama istirahat, anak-anak dari kelas bawah berkumpul di dekatnya dan menatapnya dengan penuh kekaguman. Mungkin mereka berkat Lancar telah terbebas dari pengganggu besar di sekolah, yang selalu membanggakan orang tuanya yang kaya. Namun, Lancar tidak memperhatikan mereka. Dia tenggelam dalam pikirannya, ragu apakah dia akan pulang lebih awal atau terlambat. Namun, dia memutuskan untuk tetap di sekolah untuk pelajaran matematika dan geografi, karena dia menyukai kedua pelajaran tersebut. Bahkan di tengah ketenaran dan kekaguman teman-teman sekelasnya, Lancar tetap rendah hati dan fokus pada pendidikannya.

Setelah dua minggu, anak laki-laki yang hitam itu muncul kembali di sekolah dan menatap Lancar dengan penuh keraguan, tetapi dia tidak mengatakan apa-apa. Terdapat keheningan tegang di antara mereka, dipenuhi dengan kata-kata yang tidak terucapkan dan isu-isu yang belum terselesaikan. Lancar merasakan beratnya situasi tersebut, tetapi dia tidak merasa menyesal sedikit pun bahwa dia telah membuat anak laki-laki itu menerima hukuman yang layak. Dia tetap setia pada keyakinannya dan mendukung tindakannya.

Belakangan diketahui bahwa anak laki-laki itu mendapat teguran keras dan pukulan dari ayahnya, yang bertekad untuk mendapatkan kebenaran darinya. Orang tua anak itu tidak percaya pada cerita yang dia ceritakan untuk membela dirinya. Setelah dia mengakui kejadian yang sebenarnya, dia mendapat peringatan tegas untuk meninggalkan Lancar, dengan implikasi bahwa konsekuensinya akan sangat berat jika tidak. Orang tua tersebut menunjukkan bahwa mereka menghormati para prajurit yang kuat yang damai tetapi tidak mundur dari kekerasan ketika mereka berada di pihak yang benar. Jelas bahwa anak mereka yang salah.

Insiden ini menggambarkan kekuatan kebenaran dan keadilan, bahkan dalam situasi yang tampaknya sederhana di halaman sekolah. Ini menunjukkan bahwa mereka yang berpegang pada prinsip dan memperjuangkan keadilan, pada akhirnya akan menang, bahkan di tengah perlawanan.

Waktu perlahan berlalu di kelas lima dan Lancar melanjutkan ke tahun ajaran berikutnya. Dengan bangga dan puas, ia memandang kembali waktu yang dihabiskannya di kelas, di mana ia tidak hanya meraih kesuksesan akademis, tetapi juga menunjukkan integritasnya dalam situasi sulit. Dukungan dari keluarganya dan penghargaan dari neneknya telah membantunya menemukan jalannya dan tumbuh sebagai pribadi.

Kini Lancar siap menghadapi tantangan dan petualangan baru dalam perjalanan sekolahnya, bertekad untuk terus belajar dan tumbuh, sambil mengikuti jalannya dengan keteguhan hati dan integritas.

Wong Ireng.

Sekarang Lancar berada di kelas enam sekolah dasar, waktu di mana dinamika antara teman sekelas sangat penting untuk membentuk persahabatan dan mengembangkan identitas. Namun, Lancar sama sekali tidak tertarik untuk berteman dengan anak-anak yang beragama. Ia berbicara dengan mereka karena kebutuhan, tetapi lebih suka sendiri. Anak-anak dari Suriname, terlepas dari latar belakang etnis mereka - Hindu, Jawa, atau Afro-Suriname - tampak aneh, tunduk, tidak dapat dipercaya, dan kurang menghormati satu sama lain serta tampak inferior secara intelektual. Perilaku ini kemungkinan besar dipengaruhi oleh lingkungan sosial mereka.

Hal ini tidak berlaku untuk semua anak, tetapi Lancar belum melihat anak-anak yang tidak memenuhi profil itu. Suatu ketika, ada seorang pendatang baru di kelas, seorang anak Jawa bernama Paimin, yang sebelumnya bersekolah di tempat lain. Lancar langsung merasakan suatu keiritan terhadapnya, karena Paimin pada suatu hari secara berulang kali merujuk padanya dengan hinaan 'Wong-Ireng' (hitam), meskipun Lancar tidak pernah mengganggunya.

Paimin mengira ia bisa mendominasi Lancar, yang memiliki reputasi tenang. Namun, ia akan segera menyadari bahwa ia telah meremehkan Lancar. Meski Paimin terus memprovokasi, Lancar memilih untuk tidak menanggapi hinaan tersebut. Lancar, yang sendiri setengah Jawa dan setengah Kreol, lama-kelamaan merasakan sakit dari setiap pernyataan yang merendahkan. Ia telah memperingatkan anak itu berkali-kali bahwa ia tidak menghargai julukan tersebut, tetapi sia-sia.

Anak itu tampaknya bertekad untuk terus mengganggu Lancar, dan dampak dari kata-katanya mulai perlahan-lahan mempengaruhi Lancar. Lancar merasa frustrasi dan terluka oleh hinaan yang terus-menerus, dan ia tahu bagaimana menghadapinya tanpa kehilangan integritasnya. Dalam ajaran filosofis Genosschaft Vishnuh, mengabaikan tiga peringatan dianggap sebagai tindakan pemukulan, meskipun pada tingkat spiritual. Dengan demikian, Lancar sekarang memiliki hak untuk membalas secara fisik kepada pengganggu, sesuai dengan prinsip timbal balik dan keadilan dalam ajaran genosschaft.

"Siapa yang tidak mau mendengar, harus merasakan," begitu pepatah kuno yang menjadi inti reaksi terhadap pengabaian peringatan dalam filosofi Genosschaft Vishnuh.

Pada sore yang hangat itu, setelah bel terakhir sekolah berbunyi, Lancar memutuskan bahwa saatnya untuk menyelesaikan masalah dengan Paimin dengan sedikit kebaikan. Ia sudah memikirkan strateginya. Ia tahu tidak ada gunanya mencurigai Paimin agar rencananya berhasil, dan memilih pendekatan taktis untuk mencapai tujuannya. Dengan senyuman mantap di wajahnya, Lancar mendekati Paimin, bertekad untuk melaksanakan rencana damainya, dengan tangannya terulur seperti bendera perdamaian dan beberapa mangga tergantung di jarinya.

Seolah-olah alam semesta mempertemukan mereka di tempat ini, untuk pertemuan yang penuh makna, dan mungkin juga sedikit buah yang manis. Anak itu, terkejut oleh kebaikan Lancar yang tidak terduga, menerima mangga dengan campuran kebingungan dan rasa syukur. Dan mereka pun mulai berjalan bersama di sepanjang jalan, dengan aroma manis mangga matang melayang di antara mereka, menuju rumah anak Jawa itu.

Di belakang, sapi Lancar dan kereta sapi setianya menunggu, seolah-olah mereka sudah tahu bahwa pertemuan ini merupakan bagian dari rencana yang lebih besar, sebuah rencana di mana kebaikan dan mangga memainkan peran utama. Dalam perjalanan, udara dipenuhi dengan aroma manis buah matang, menciptakan suasana yang dipenuhi dengan rasa hangat dan keramahtamahan.

Namun, begitu mereka berada di luar pandangan orang lain, suasana berubah secara dramatis. Lancar merasakan frustrasi dan kemarahan yang terpendam mulai muncul. Ia menangkap Paimin di kerahnya dan menyeretnya ke semak-semak, di mana semak-semak tumbuh tinggi dan suara kota memudar. Tanpa sepatah kata pun, Lancar mengeluarkan tongkat Pencak pendek, sebuah kenangan dari warisan Jawa-nya dan seni bela diri yang ia pelajari dari kakeknya.

Anak itu, terkejut oleh serangan mendadak, berusaha sekuat tenaga untuk membela diri. Namun, ia tidak mampu menghadapi kemarahan Lancar. Pukulan itu jatuh keras dan cepat, dengan setiap serangan membuat anak itu semakin lemah. Lancar bertekad untuk membuat pernyataannya, "Siapa yang tidak mau mendengar, harus merasakan." Darah mengalir dari luka Paimin, sementara ia merayu untuk mendapatkan belas kasihan, tetapi Lancar bertekad dan memukul dengan tongkatnya pada lutut dan kaki Paimin, sampai Paimin tidak bisa berdiri tegak lagi dan terjatuh karena rasa sakit.

Sebagai semacam tarian yang tidak mungkin, pertarungan berakhir dengan Paimin yang mengerang di tanah. Dia tidak bisa bangkit lagi dan kakinya bengkak. Niat Lancar bukan untuk menyiksa Paimin, jika tidak, dia tidak akan berhenti.

Tujuannya hanyalah untuk menyampaikan pelajaran: bahwa perundungan tidak ada untungnya dan bahwa mereka yang menyebabkan rasa sakit secara mental pada orang lain tanpa alasan, pada akhirnya akan merasakan konsekuensinya sendiri. Ini adalah pelajaran tentang tanggung jawab dan empati, yang tersamarkan sebagai konfrontasi yang tidak nyaman.

Seolah-olah Lancar ingin mengatakan: 'Inilah rasanya ketika sepatu berada di kaki yang lain.' Dengan campuran kepuasan dan kemenangan, Lancar membanggakan dirinya sendiri sambil menatap Paimin, yang tergeletak di tanah sambil merintih kesakitan.

Lancar membungkuk ke arah Paimin dan berbicara padanya dengan tenang dan sopan, meminta agar dia menjaga sebutan 'wong-ireng' untuk dirinya sendiri mulai sekarang.

Dengan salam perpisahan yang ramah, Lancar kemudian pergi, pesannya tersampaikan dalam suasana ketenangan dan rasa hormat.

Dia membiarkan Paimin menghadapi nasibnya, dengan keyakinan bahwa Paimin percaya kepada Tuhan yang akan menolongnya. Lagipula, Paimin selalu berdoa bersama kelompok di sekolah.

Bagi Lancar, tampaknya logis bahwa Tuhan yang disembah Paimin akan membantunya bangkit. Namun, setelahnya terbukti bahwa tidak ada yang datang dan Paimin harus menyeret dirinya sendiri pulang.

Pelan-pelan, Lancar menghela nafas lega, puas bahwa pesannya telah sampai kepada Paimin tanpa menyebabkan cedera permanen.

Dia berharap Paimin akan belajar dari pelajaran itu dan bahwa mereka bisa hidup berdampingan secara damai di masa depan. Dengan pikiran itu di kepalanya, Lancar melompat ke atas gerobak sapinya dalam perjalanan pulang. Dia tidak menyimpan kebencian terhadap Paimin, tetapi karena latar belakang Kristen Paimin, tampaknya pantas baginya untuk melakukan sebuah isyarat simbolis.

Lancar memilih untuk menggunakan tongkatnya untuk menyampaikan pesannya kepada Paimin. Ini tidak hanya berfungsi sebagai tanda disiplin dan peringatan, tetapi juga sebagai ungkapan cinta dan perhatian, sejalan dengan pemikiran Kristen yang dijelaskan dalam Amsal 13:24 tentang 'tidak menyimpan tongkat.' Dia berharap Paimin memahami arti dari hukuman yang diterimanya dan mengubah perilakunya, tanpa perlu adanya eskalasi lebih lanjut.

Dengan malam yang perlahan turun, Lancar kembali ke rumah, pikirannya dipenuhi dengan peristiwa hari itu. Dia tidak memikirkan konsekuensi dari tindakannya, baik di dalam dinding sekolah maupun di luar. Tetapi dia merasakan perasaan pembebasan karena dia telah bangkit melawan orang yang mencoba merendahkan dirinya.

Setelah kembali ke desa, Lancar segera melupakan insiden itu dan dengan penuh semangat terjun ke dalam keramaian pesta yang meriah. Udara dipenuhi dengan suara-suara riang dan musik ceria untuk merayakan hari jadi, dan Lancar bergabung dengan perayaan tanpa kesulitan. Dia tertawa dan menari bersama yang lain, pikirannya dipenuhi dengan kebahagiaan dan kegembiraan.

Desa itu hidup dan energik, dengan hiasan warna-warni yang menghiasi jalanan dan aroma makanan lezat yang memenuhi udara. Lancar merasa di rumah di tengah kehangatan komunitasnya, dikelilingi oleh cinta dan persahabatan dari para penduduk desa. Saat malam semakin larut, waktu tampak berhenti, dipenuhi dengan tawa dan kebersamaan. Lancar menikmati setiap momen, mengetahui bahwa dia dikelilingi oleh orang-orang yang dia cintai dan yang mendukungnya, dan dia menyimpan perasaan keterikatan ini jauh di dalam hatinya.

Keesokan harinya di sekolah, Lancar dipanggil ke kantor kepala sekolah tepat sebelum siang. Dalam perjalanan ke kepala sekolah, dia memeriksa lagi apakah pisau berburu miliknya terpasang dengan kuat di holsternya, untuk berjaga-jaga jika dia membutuhkannya. Jantungnya berdebar tidak sabar saat dia membuka pintu dan kepala sekolah memintanya untuk duduk.

Saat dia masuk ke kantor, dia melihat tatapan terkejut dari orang tua Paimin. Wajah mereka jelas menunjukkan tanda-tanda kejutan dan bahkan ketakutan saat melihat Lancar.

Kesunyian di dalam ruangan hanya terganggu oleh suara lembut kertas-kertas di meja kepala sekolah. Rasanya hampir seperti mereka telah memasukkan binatang buas ke dalam ruangan alih-alih seorang manusia. Di dalam ruangan, dia melihat Paimin, diapit oleh orang tua yang cemas. Dia berdiri di sana mengenakan celana pendek, dengan lengan dan kakinya dibalut perban, dan perban besar yang terpasang di kepalanya seperti turban.

Lancar merasakan sekejap rasa kasihan saat melihat keadaan anak itu, menyadari bahwa dia bertanggung jawab atas luka-lukanya. Namun sayangnya, itu adalah kesalahan Paimin sendiri, pikir Lancar. Seandainya dia mendengarkan peringatanku, dia tidak akan terluka. Meskipun demikian, Lancar berharap Paimin segera pulih dari lukanya. Campuran ketegangan dan tekad memenuhi dirinya, menyadari bahwa tindakannya memiliki dampak, tetapi juga bertekad untuk menyampaikan pendapatnya dengan tegas.

Tiba-tiba, orangtua Paimin menghadap ke direktur, suara mereka tegang namun terkontrol. "Direktur, kami menarik diri dari kasus ini," mereka menyatakan dengan tegas.

Lancar terkejut mendengar kata-kata ini. Direktur itu sendiri juga tampak terkejut oleh keputusan mereka. Mungkin dia mengharapkan orangtua itu meminta semacam kompensasi, tetapi alih-alih, mereka menarik diri seperti armada udang yang tiba-tiba melihat topan mendekat.

Lancar menggaruk kepalanya sejenak, bertanya-tanya apa yang sebenarnya terjadi. Apakah tindakannya benar-benar memiliki dampak sebesar itu? Atau orangtua tersebut sudah cukup dengan seluruh circus yang dihadapi mereka?

Bagaimanapun, tampaknya harinya sama tidak terduga seperti cuaca di Belanda—kamu tidak pernah tahu apa yang akan terjadi.

Saat orangtua itu memegang lengan anak mereka dan bersiap untuk pergi, mereka membungkuk dalam-dalam kepada Lancar sebagai tanda penghormatan. Gestur hormat dari orangtua itu meninggalkan kesan yang mendalam di ruangan, membuat direktur bahkan tampak terheran-heran.

Momen itu sarat dengan makna, dan Lancar merasakan campuran emosi mengalir dalam dirinya. Itu adalah momen pengakuan yang kuat, di mana dia tidak hanya mendapatkan kembali martabatnya, tetapi juga menerima rasa hormat dan penghargaan dari orang lain.

Direktur bertanya kepada Lancar apakah dia mengenal orang-orang Jawa itu. Lancar menggelengkan kepala. Begitu orangtua dan anak itu meninggalkan kantor, direktur memerintahkan Lancar untuk kembali ke kelasnya. Saat dia meninggalkan kantor, Lancar melirik sekali lagi ke wajah bingung orangtua dan direktur yang terheran.

Dengan perasaan rendah hati dan bangga, Lancar melangkah di halaman sekolah menuju kelasnya, mengetahui bahwa dia telah menemukan tempatnya di dunia. Dan jadi, dengan senyuman pemahaman diri, dia melangkah masuk ke ruang kelasnya, siap untuk mengikuti pelajaran yang sedang berlangsung. "Yah, itu adalah petualangan," gumamnya pada diri sendiri saat dia bersiap untuk melanjutkan pelajaran. Namun di tengah pikirannya, Lancar menyadari sesuatu yang penting yang mungkin muncul dalam pikiran orangtua Paimin: "Kadang-kadang lebih baik untuk menyerah pada kekuatan ketakutan daripada berpegang pada dorongan untuk membalas." Mungkin ini adalah pelajaran yang harus mereka pelajari di tengah semua kekacauan dan kebingungan.

Kesadaran bahwa tindakannya berdampak pada orang lain dan bahwa dia diakui sebagai siapa dirinya, memberi Lancar rasa pemenuhan yang dalam. Dia merasa dihargai dan dihormati, tidak hanya oleh direktur, tetapi oleh komunitas secara keseluruhan.

Momen pengakuan ini menegaskan bagi Lancar bahwa dia berharga, tidak hanya bagi dirinya sendiri, tetapi juga bagi orang lain. Dan sejak saat itu, Paimin tidak lagi mengganggu atau berusaha melakukannya. Dia tampak berubah, lebih rendah hati, dan siap untuk mengakui kesalahannya. Seiring waktu, dia bahkan berusaha menjalin percakapan dengan Lancar, berharap untuk berdamai dan mungkin bahkan bersahabat.

Namun Lancar, meskipun dia memperhatikan perubahan sikap anak itu, tetap bersikap hati-hati. Luka-luka dari masa lalu masih segar dan Lancar enggan meruntuhkan dinding yang telah dia bangun. Dia menginginkan ketenangan baru dalam hidupnya dan berpegang teguh pada rasa hormat dirinya. Meskipun dia tidak menganggap anak itu sebagai ancaman, dia tetap waspada dan menjaga jarak tertentu.

Ini adalah periode perjuangan batin bagi Lancar, seimbang antara pengampunan dan perlindungan diri. Dia tahu akan lebih mudah untuk menerima anak itu dan menjaga perdamaian, tetapi beberapa luka sembuh lebih lambat dari yang lain.

Untuk saat ini, Lancar memilih untuk menempuh jalannya sendiri, bertekad untuk menghormati batasan-batasan pribadinya dan melindungi apa yang penting baginya. Anehnya, orangtua Paimin sangat menyadari latar belakang Lancar dan mengerti bahwa reaksinya tidak muncul begitu saja.

Mereka menyadari bahwa anak mereka telah melakukan kesalahan dengan merendahkan dan mengganggu Lancar karena latar belakangnya. Dengan campuran rasa malu dan tanggung jawab, mereka mengakui bahwa anak mereka telah bertindak salah, dan suatu hari mereka datang ke sekolah dan meminta maaf kepada Lancar atas perilaku anak mereka. Mereka memahami pentingnya mengajarkan nilai-nilai yang benar kepada anak mereka dan mengajarinya untuk berinteraksi dengan orang lain dengan hormat, tanpa memandang asal usul atau latar belakang mereka.

Meskipun awalnya terkejut oleh konfrontasi antara Lancar dan anak mereka, mereka segera menyadari bahwa sudah saatnya untuk mengambil tanggung jawab mereka sendiri. Orangtua Paimin mengakui prasangka dan stereotip yang mendalam yang telah menyebabkan konflik tersebut.

Mereka memahami bahwa sangat penting untuk memecahkan prasangka ini dan membantu putra mereka mengembangkan perspektif yang lebih hormat. "Dengan tekad yang tulus, mereka berbicara dengan putra mereka tentang latar belakang dan warisan Lancar, bahwa dia adalah 'Wong Jowoh' dan bukan 'Wong Ireng'.

Mereka bertanya dengan tegas bagaimana dia bisa menyebut Lancar Wong Ireng, sementara Lancar berbicara bahasa Jawa halus yang hanya bisa dipelajari di Kraton jika kamu keturunan bangsawan. Orang Jawa biasa seperti kami tidak diizinkan masuk dan harus puas dengan bahasa Jawa kasar.

Mereka menekankan bahwa Lancar berasal dari keturunan yang mulia, dengan latar belakang leluhur yang seharusnya membuat Paimin sebagai orang Jawa merasa bangga, dan bahwa dia harus memperlakukan Lancar dengan hormat. Mereka menjelaskan kepada putra mereka bahwa tidak dapat diterima untuk merendahkan atau mengolok-olok orang lain karena warna atau asal usul mereka, dan bahwa penting untuk memperlakukan semua orang dengan kebaikan dan rasa hormat, terlepas dari latar belakang mereka. Melalui percakapan terbuka dan pendidikan, mereka mengajarkan Paimin untuk melihat melewati penilaian yang dangkal dan menghargai keragaman dalam komunitas mereka. Mereka berharap bahwa melalui pendekatan edukatif ini, putra mereka akan tumbuh menjadi pribadi yang lebih toleran dan memahami, yang memperlakukan orang lain dengan kebaikan dan rasa hormat. Tetapi masa depan akan mengungkapkan apa yang terjadi pada Paimin.

Mungkin dia telah belajar dari kesalahannya dan tumbuh menjadi individu yang lebih bertanggung jawab dan toleran.

Mungkin dia telah menjalin persahabatan dengan Lancar dan yang lainnya dari latar belakang yang berbeda, yang memberinya pemahaman yang lebih dalam tentang keragaman dan inklusi. Atau mungkin dia telah melanjutkan jalannya dengan cara yang lebih menghalangi perkembangan dan pemahamannya.

Bagaimanapun, kisah Lancar dan Paimin menggambarkan kekuatan empati, pendidikan, dan perubahan.

Ini mengingatkan kita bahwa tindakan dan pilihan kita tidak hanya mempengaruhi diri kita sendiri, tetapi juga orang-orang di sekitar kita. Dan meskipun jalan menuju rekonsiliasi dan pemahaman bisa berbatu-batu, itu selalu menawarkan kemungkinan untuk pertumbuhan, pengampunan, dan persatuan.

Bakroe dan Yorka

Suatu hari, saat Lancar sedang duduk di sekolah, ia mendengar beberapa anak berbicara tentang Bakroe, Yorka, dan roh-roh yang konon tinggal di hutan. Lancar, yang belum pernah mendengar tentang Bakroe di dalam Genootschap Vishnuh, memperhatikan dengan seksama.

Biasanya, Lancar tetap di latar belakang, tetapi kali ini rasa ingin tahunya terbangkitkan dan dia ikut terlibat dalam percakapan. Dia bertanya kepada seorang anak yang sedang bercerita, "Apa sebenarnya Bakroe?"

Anak itu bercerita dengan hidup tentang makhluk itu, menggambarkan bahwa itu adalah entitas hibrida, yang satu setengahnya tampak dari daging dan setengah lainnya dari kayu. Lancar, yang penasaran tentang Bakroe dan tertarik dengan folklore di baliknya, bertanya kepada anak itu bagaimana makhluk ini bisa dipanggil. Anak itu, yang mulai menggigil dari ceritanya sendiri, berbisik rahasia cara memanggilnya ke telinga Lancar.

"Kamu tidak boleh bersiul di dalam rumah, kalau tidak kamu akan memanggil Bakroe," peringatnya dengan ketakutan. "Dan apa yang dilakukan Bakroe jika kamu sudah memanggilnya?" tanya Lancar, terpesona oleh misteri.

"Ehh, dia bisa membahayakanmu," jawab anak itu, suaranya bergetar ketakutan.

Sementara Lancar merenungkan informasi baru ini, anak-anak lainnya mulai berkumpul di sekitar mereka, tertarik pada percakapan itu.

Seorang gadis dengan mata besar penuh rasa ingin tahu bergabung dengan mereka dan bertanya, "Apakah ada yang pernah melihat Bakroe?" Anak yang memulai cerita itu melihat sekeliling, seolah menyadari seberapa banyak perhatian yang didapatkan kata-katanya. "Nah, nenekku mengklaim bahwa dia pernah melihatnya," bisiknya secara rahasia. "Dia bilang dia melihatnya di hutan, saat dia sedang mengumpulkan ramuan. Dia bersumpah bahwa matanya bersinar seperti bara api di malam hari."

Cerita anak itu semakin membangkitkan rasa ingin tahu anak-anak lainnya, dan diskusi yang hidup muncul tentang kemungkinan penampakan Bakroe dan cerita-cerita yang beredar dalam komunitas Suriname.

Bagi Lancar, seolah-olah dia mendapatkan sekilas dunia tersembunyi yang penuh misteri dan petualangan, dan dia tidak sabar untuk menemukan lebih banyak. Lancar merasakan kegembiraan mengalir di nadinya saat mendengar cerita itu. Dia dapat merasakan ketegangan yang mengalir di antara kelompok anak-anak, semuanya terpesona oleh makhluk misterius yang mereka dengar.

Apakah itu benar-benar ada, dia bertanya-tanya, dan jika iya, apa yang akan terjadi jika kamu menemuinya? Dia merasakan dorongan untuk mengetahui lebih banyak tentang legenda dan cerita yang beredar di komunitas Suriname di luar genootschap, bertekad untuk mengungkap kebenaran, bahkan jika itu berarti menghadapi ketakutannya sendiri.

Keteguhan Lancar tak tergoyahkan saat dia bergegas pulang setelah sekolah, bertekad untuk memanggil Bakroe dan menghadapi tantangan. "Karena Bakroe setengah dari kayu, dia juga tidak akan merasakan sakit," pikir Lancar. Dia merasakan sensasi petualangan dan tantangan yang ada di depannya, dan dia bertekad untuk membuktikan bahwa dia tidak takut pada yang tidak diketahui. Dengan setiap langkah yang dia ambil, dia merasakan ketegangan meningkat, dan dia tahu bahwa dia siap untuk menerima nasibnya, apapun itu.

Setelah sampai di rumah, Lancar segera memanjat ke rumah pohonnya yang dibangun setahun yang lalu. Dengan belati di sarungnya dan tongkatnya kuat di tangannya, ia bersiap untuk bertarung dan mulai bersiul.

Suara melodi siulannya memecah kesunyian hutan, sementara Lancar berkonsentrasi pada tujuannya. Ia terus bersiul selama berjam-jam, hingga mulutnya lelah karena usaha tersebut, tetapi tidak ada Bakroe atau Yorka yang muncul. Ia bersiul dengan keras, hingga suara itu perlahan memudar dan berakhir dengan suara mendesis.

Di dalam komunitas, orang-orang mendengar Lancar bersiul, dan setelah berjam-jam bersiul tanpa henti, mereka ingin tahu mengapa Lancar begitu bersemangat bersiul sendirian di rumah pohonnya.

Penasaran dan khawatir, sekelompok orang besar berkumpul di bawah pohon tempat Lancar duduk. "Lancar, apa yang kau lakukan?" seru seseorang dari bawah. "Lancar, apa yang kau lakukan??" Lancar melihat ke bawah dan melihat wajah-wajah khawatir dari rekan-rekannya.

Dengan tatapan tegas di matanya, ia menjawab: "Aku memanggil Bakroe! Saatnya menghadapi ketakutan kita dan mengalahkan demon-demon batin kita!"

BERITA MENYEBAR SEPERTI api unggun di dalam perkumpulan, dan segera banyak orang berkumpul di bawah pohon, siap untuk mendengarkan kisah Lancar. Dengan penuh kekecewaan, Lancar turun dengan marah dan memberitahu kerumunan bahwa tidak ada Bakroe yang muncul. Anggota lainnya saling memandang dengan heran, dan sebuah desahan lega terdengar di antara mereka.

'Kami pikir ada sesuatu yang serius,' kata seseorang, sementara yang lain mengangguk setuju. Lancar menarik napas dalam-dalam dan menjelaskan, 'Saya ingin menghadapi ketakutan saya dan menunjukkan keberanian, tetapi sekarang saya menyadari bahwa tindakan saya tidak pantas. Saya minta maaf telah membuat kalian khawatir.'

Anggota lainnya merasa lega bahwa tidak ada bahaya yang mengancam dan mencoba menenangkan Lancar. Setelah Lancar memberi tahu orang-orang apa yang dia dengar di sekolah dan apa yang sedang dia lakukan, mereka semua tertawa terbahak-bahak. 'Memanggil Bakroe, nak?' cemooh salah satu anggota tua dari perkumpulan. 'Itu bukan sesuatu yang bisa dianggap remeh. Itu hanya cerita, ditujukan untuk menakut-nakuti anak-anak.' Yang lain mengangguk setuju, wajah mereka mengerut dalam senyuman lebar.

Lancar merasa malu dengan reaksi mereka, tetapi pada saat yang sama, dia juga merasa lega karena tidak ada makhluk yang muncul setelah dia bersiul. Perlahan, ketegangan digantikan oleh rasa lega, dan dia menyadari bahwa mungkin dia bertindak terlalu impulsif. Lancar merasa tidak nyaman dengan gelak tawa yang mengarah padanya. Dia berharap untuk petualangan, tetapi sebagai gantinya, dia justru ditertawakan.

'Tapi Lancar,' kata seorang lelaki tua sambil tersenyum, 'kami tidak menertawakanmu, tetapi kami tertawa bersamamu.' Bakroe, Yorka, Libba, dan lain-lain, itu semua omong kosong dan takhayul dari orang-orang yang percaya. Dengan semua cerita konyol ini, orang Suriname yang percaya membuat baik anak-anak maupun diri mereka sendiri merasa takut.' "Kami adalah manusia bumi dan tidak percaya pada omong kosong itu," lanjutnya.

Lancar melihat lelaki tua itu, suaranya terdengar seperti gema dari rasionalitas yang baru saja dia lewatkan. Kata-katanya memotong udara seperti kebenaran yang menyelamatkan, dan Lancar merasa tiba-tiba dibebaskan dari beban berat kebodohannya sendiri.

Kata-kata lelaki tua itu meresap ke dalam kesadaran Lancar dan membuatnya menyadari bahwa keyakinannya pada cerita-cerita tersebut mungkin tidak lebih dari sebuah ilusi. Dia merasa dibebaskan dari ketakutan dan ketegangan yang mendorongnya untuk memanggil Bakroe. Perlahan-lahan, dia merasakan kedamaian, menyadari bahwa dia tidak lagi terjebak dalam belenggu takhayul yang diajarkan di sekolah.

'Maafkan saya,' gumam Lancar, kepalanya menunduk. 'Saya begitu terpesona oleh cerita-cerita itu sehingga saya lupa untuk berpikir.'

Lelaki tua itu, seorang pemimpin spiritual dari Vishnuh, meletakkan tangan yang menenangkan di bahu Lancar. 'Jangan khawatir, nak,' katanya sambil tersenyum. 'Merasa ingin tahu adalah hal yang wajar, tetapi juga penting untuk tetap berpikir kritis. Jangan biarkan dirimu tertipu oleh ketakutan, demon, dan takhayul.' Sang pendeta tua melanjutkan: 'Setiap individu menyimpan demon batin mereka sendiri, terinspirasi oleh pengalaman pribadi, pengaruh budaya, dan keyakinan yang mendalam.

Demon ini atau 'roh jahat', seperti yang sering disebut, bisa bervariasi dari ketakutan dan keraguan hingga konflik emosional dan psikologis yang lebih dalam. Ada orang yang percaya pada makhluk mitologis seperti Bakroe dari folklore Suriname, sementara yang lain menyimbolkan demon batin mereka sebagai kekuatan gelap yang mengejar mereka. Seringkali, mereka memberi bentuk dan wujud sendiri pada kekuatan ini dalam imajinasi mereka. Misalnya, beberapa membayangkan tanduk pada sosok yang menakutkan, mungkin bahkan makhluk mirip monyet seperti Hanuman dari mitologi India. Yang lain membayangkan demon yang mereka takuti dengan mata menyala merah dan tanduk, semua ada di dalam lekukan pikiran mereka yang terdistorsi. Proyeksi roh jahat ini seringkali unik bagi setiap individu dan dapat dipengaruhi oleh beragam faktor, seperti pendidikan, agama, dan pengalaman pribadi. Terlepas dari fakta bahwa penduduk sudah mewariskan berbagai demon dari generasi ke generasi, lebih banyak demon ditambahkan oleh berbagai penjajah asing.

Ambil contoh komunitas Suriname, di mana sebagian besar demon berasal dari penjajahan putih, yang diwariskan kepada nenek moyang penduduk kulit hitam, baik yang menerima maupun yang menolak, seringkali dengan bantuan cambuk. Bagi sebagian orang, roh jahat ini menjadi sumber ketakutan dan perjuangan batin, sementara yang lain mungkin melihatnya sebagai simbol dari ketakutan dan keinginan terdalam mereka. Mengakui dan memahami demon batin ini bisa menjadi langkah penting dalam pertumbuhan pribadi dan refleksi diri.

Dengan menghadapi dan memahami dari mana mereka berasal, individu dapat menemukan cara untuk menghadapinya dan mengatasinya. Proses perjuangan batin dan transformasi ini dapat mengarah pada pemahaman yang lebih dalam tentang diri mereka dan ketenangan batin yang lebih besar.

Manusia cenderung memproyeksikan pikiran, perasaan, dan pengalaman mereka sendiri ke dunia di sekitar mereka. Fenomena ini sering dijelaskan sebagai proyeksi otak. Ini berarti individu mengeksternalisasi dan menerapkan persepsi, keyakinan, dan emosi mereka sendiri pada interpretasi mereka terhadap realitas.

Cara orang melihat dunia di sekitar mereka sangat dipengaruhi oleh keadaan psikologis internal, pengalaman hidup, latar belakang budaya, dan keyakinan pribadi. Faktor-faktor internal ini dapat menyebabkan interpretasi yang berbeda terhadap situasi yang sama, sehingga orang cenderung menciptakan realitas subjektif mereka sendiri.

Misalnya, jika seseorang memiliki ketakutan yang mendalam, mereka dapat memproyeksikan ketakutan tersebut pada peristiwa dan situasi sehari-hari, membuat mereka mengalami situasi tersebut sebagai lebih mengancam daripada yang sebenarnya. Demikian pula, seseorang yang optimis dan penuh harapan dapat memproyeksikan harapan positif pada lingkungan mereka, sehingga mereka cenderung melihat dunia melalui lensa positif. Memahami fenomena proyeksi otak ini dapat membantu orang menjadi lebih sadar akan persepsi dan interpretasi mereka terhadap dunia di sekitar mereka.

Ini memungkinkan mereka untuk meneliti dan memahami pikiran serta emosi mereka dan bagaimana hal ini mempengaruhi pandangan mereka terhadap realitas. Kesadaran ini dapat mengarah pada pemahaman yang lebih dalam tentang diri mereka sendiri dan orang lain, serta membantu mengembangkan ketahanan dan kecerdasan emosional.

Namun, ketika orang berpikir secara rasional, mereka sering memproyeksikan otak mereka sendiri, yang penuh dengan fakta, pengetahuan, dan keadaan, ke situasi dan masalah yang mereka hadapi. Ini berarti mereka menggunakan pemahaman mereka tentang dunia untuk menganalisis situasi, membuat keputusan, dan mencari solusi untuk masalah.

Otak kita berfungsi sebagai database yang penuh dengan informasi yang telah kita kumpulkan sepanjang hidup kita, termasuk fakta, pengalaman, dan pelajaran yang dipelajari. Ketika kita dihadapkan dengan tantangan baru, kita menarik dari database ini untuk menentukan cara terbaik untuk bertindak. Kita mengevaluasi situasi, membandingkannya dengan pengalaman sebelumnya, dan menerapkan pengetahuan serta wawasan kita untuk mencapai solusi.

Memproyeksikan otak kita sendiri pada situasi memungkinkan kita untuk menganalisis masalah kompleks dan menciptakan solusi kreatif. Melalui berpikir rasional, kita dapat memahami konsep-konsep abstrak, bernalar secara logis, dan membuat keputusan yang rasional.

Ini juga memungkinkan kita untuk merencanakan ke depan, mengevaluasi risiko, dan mengarahkan tindakan kita berdasarkan tujuan dan nilai-nilai kita. Meskipun berpikir rasional memberikan banyak keuntungan, penting untuk mengakui bahwa persepsi kita terhadap dunia akan selalu terwarnai oleh pengalaman dan keyakinan kita sendiri.

Oleh karena itu, berguna untuk tetap terbuka terhadap ide dan perspektif baru, serta bersedia menyesuaikan cara berpikir kita seiring dengan informasi dan wawasan baru. Upaya untuk melihat dunia sebagaimana adanya dan terbuka terhadap fakta sangat penting untuk memahami lingkungan kita dan mengambil keputusan yang bijaksana.

Dengan terbuka terhadap fakta dan tidak membiarkan diri kita dipandu oleh ilusi, seperti Bakroes, Jin, iblis, dewa, hantu, dan citra fantasi lainnya, kita dapat memperoleh gambaran yang lebih jelas tentang realitas dan menavigasi kehidupan dengan lebih efektif.

Menganalisis hal-hal dalam perspektif yang tepat, seperti yang dilakukan nenek moyang kita selama berabad-abad, mengimplikasikan pendekatan yang didasarkan pada akal sehat, bukti empiris, dan logika. Ini berarti mengevaluasi informasi secara kritis, mengajukan pertanyaan, dan mencari kebenaran objektif.

Dengan membuka pikiran kita terhadap ide dan wawasan baru, kita dapat memperdalam pemahaman kita tentang dunia dan memperluas pengetahuan kita. Penting untuk mengakui bahwa menolak ilusi dan berupaya untuk mencapai fakta tidak berarti kita mengabaikan tradisi, budaya, dan keyakinan kaya nenek moyang kita.

Sebaliknya, ini tentang menemukan keseimbangan antara menghormati warisan dan tradisi di satu sisi, dan mengadopsi pendekatan ilmiah dan kritis terhadap pengetahuan di sisi lain.

Dengan membuka diri terhadap fakta dan tidak membiarkan diri kita dipandu oleh ilusi, kita dapat berupaya untuk mencapai pemahaman yang lebih dalam tentang dunia di sekitar kita dan tempat kita di dalamnya. Ini memungkinkan kita untuk membuat pilihan yang sadar, berdasarkan landasan pengetahuan dan pemahaman yang kokoh.

Lancar merasakan gelombang kelegaan menyelimuti dirinya saat mendengar kata-kata dan penjelasan yang mendorong dari orang tua tersebut. Rasanya seperti beban di pundaknya hilang sekarang ia menyadari pentingnya berpikir kritis. Ia meluruskan punggungnya dan menatap orang tua itu dengan rasa syukur, bertekad untuk menjalani hidup dengan pikiran yang tajam dan hati yang terbuka.

Lancar mengangguk, berterima kasih atas kata-kata bijak dari orang tua tersebut. Mungkin ia telah terbawa oleh kegembiraan misteri, tetapi sekarang ia mengerti bahwa petualangan sejati dapat ditemukan di dunia di sekitarnya, bukan di sudut gelap imajinasinya.

**Orang tua itu melanjutkan ceritanya dengan tatapan serius di matanya. "Orang-orang Suriname bercerita tentang Yorka dan segala macam omong kosong yang hanya ada dalam pikiran mereka yang terdistorsi," katanya dengan desahan. "Kami tidak mengenal Bakroes atau hantu, karena itu tidak ada, dan nenek moyang kami juga tidak pernah melihat atau mendengar tentang makhluk seperti itu. Sama seperti cerita tentang karikatur Yesus dan Tuhan yang merupakan khayalan yang mereka terima dari orang kulit putih, demikian pula dengan cerita hantu dan agama Winti mereka. Di dalam Vishnuh-Genootschap, kami telah belajar bahwa semua yang diklaim oleh orang-orang beriman tidak ada, karena kami berpegang pada fakta dan bukan pada cerita-cerita omong kosong dari orang-orang yang percaya takhayul dan jahat. Kata-kata orang tua itu mendalam dalam pikiran Lancar. Ketika menyadari bahwa dia tidak lagi terjebak dalam cengkeraman takhayul dan ketakutan, dia merasakan gelombang pembebasan. Seolah-olah tirai telah diangkat, membolehkannya melihat dunia dengan pandangan yang jernih. Lancar merasa berani untuk mulai bergantung pada fakta dan logika, dan tidak lagi menyerah pada godaan fantasi dan keyakinan tak berdasar dari orang luar. "Kami percaya pada kekuatan pengetahuan, pada kebenaran yang ditemukan melalui sains dan logika," lanjut orang tua itu dengan keyakinan. "Itu adalah panduan kami, kompas kami di dunia yang penuh ketidakpastian dan takhayul." Lancar mengangguk setuju, terinspirasi oleh keteguhan hati orang tua itu. Dia merasa diperkuat oleh gagasan bahwa dia sekarang menjadi bagian dari komunitas yang bergantung pada fakta dan akal, bukan pada fantasi dan keyakinan takhayul. Dengan tekad baru di hatinya, Lancar memeluk filosofi Vishnuh-Genootschap dan bersumpah untuk berkomitmen pada jalan pengetahuan dan kebenaran. Setelah sejenak hening, orang tua itu melanjutkan dengan suara yang penuh pertimbangan: "Masyarakat kita selalu dipandu oleh pencarian pengetahuan dan pemahaman. Kami mengakui batasan pengetahuan kami dan terus berusaha untuk memperluas batas-batas itu, untuk lebih memahami dunia di sekitar kami." Kata-katanya mengena dalam jiwa para hadirin, yang menyadari kedalaman pembicaraannya. Lancar merasakan rasa kesatuan dengan rekan-rekannya, mengetahui bahwa mereka semua adalah bagian dari komunitas yang didorong oleh nilai pengetahuan dan pencerahan. "Kita harus terus berusaha untuk mendapatkan pengetahuan," lanjutnya, suaranya dipenuhi tekad. "Adalah kewajiban kita untuk mencari kebenaran, bahkan jika kebenaran itu terkadang tampak tidak terjangkau. Karena hanya dengan memahami kita dapat membentuk dunia kita dan memperbaiki masa depan kita. Vishnuh-Genootschap telah mengumpulkan harta pengetahuan selama berabad-abad, tidak hanya tentang dunia alami, tetapi juga tentang jiwa manusia dan masyarakat," lanjutnya dengan tatapan serius. "Kami memahami bahwa banyak dari apa yang ditakuti dan disembah orang hanyalah produk dari imajinasi mereka, dibentuk oleh ketidaktahuan dan tradisi budaya." Kata-katanya diterima dengan desahan setuju dari hadirin, yang menyadari kedalaman pemahaman Genootschap. Lancar merasa bangga dengan komunitasnya, yang berpegang pada nilai rasionalitas dan penelitian empiris, bahkan di tengah dunia yang penuh dengan takhayul dan keyakinan irasional. "Kita harus terus berusaha untuk mendapatkan kebenaran dan pencerahan," lanjutnya, suaranya penuh dengan keteguhan. "Hanya dengan memahami kita dapat memimpin umat manusia menuju masa depan yang berbasis pengetahuan, keadilan, dan kesejahteraan untuk semua. Tugas kita adalah membedakan kebenaran dari fiksi, untuk membiarkan cahaya akal bersinar dalam kegelapan takhayul," lanjutnya, kata-katanya penuh dengan keseriusan. "Tetapi kita juga harus menunjukkan pengertian terhadap mereka yang berpegang pada keyakinan mereka, betapapun irasionalnya. Misi kita bukan hanya untuk mengumpulkan pengetahuan, tetapi juga untuk membagikannya dan membantu orang lain membebaskan diri dari belenggu ketidaktahuan." Rasa tanggung jawab memenuhi ruang saat kata-katanya meresap ke dalam hati para hadirin. Lancar merasa terhubung dengan komunitasnya, bertekad untuk berkontribusi pada pencerahan umat manusia, langkah demi langkah, dalam perjuangan melawan ketidaktahuan dan takhayul. Orang tua itu kini menatap rekan-rekannya, tatapannya penuh dengan keseriusan tetapi juga dengan rasa empati. "Inilah yang dimaksudkan dengan menjadi anggota Vishnuh-Genootschap," katanya, suaranya penuh otoritas tetapi juga kelembutan. "Kami adalah penjaga kebenaran, tetapi juga pelayan umat manusia, selalu siap untuk membimbing orang lain di jalan pencerahan dan pemahaman." Kata-katanya menimbulkan rasa pengabdian dan keteguhan di hati para hadirin, yang menyadari tugas mulia yang berada di pundak mereka sebagai anggota Genootschap.

Lancar merasakan ikatan yang mendalam dengan sesama anggotanya, siap untuk mendedikasikan diri pada misi mempromosikan pengetahuan, keadilan, dan pencerahan di dunia. Orang tua itu melanjutkan penjelasannya: "Tidak cukup hanya tahu apa yang tidak benar," lanjutnya dengan nada yang merenung. "Kita juga harus memahami mengapa orang tetap berpegang pada keyakinan ini, bahkan jika itu bertentangan dengan fakta. Takhayul dan agama memiliki akar yang dalam dalam psikologi manusia, berakar dalam kebutuhan kita akan makna, kontrol, dan penghiburan di dunia yang kadang-kadang menakutkan." Kata-katanya mengundang momen refleksi di antara para pengikutnya, yang menyadari kompleksitas keyakinan dan emosi manusia.

Lancar merasakan pemahaman yang mendalam terhadap tantangan yang dihadapi orang-orang dalam pencarian mereka akan makna dan tujuan, dan dia merasa bertekad untuk menjalankan perannya sebagai pemandu dan pelindung kebenaran, sambil juga menunjukkan pemahaman dan kasih sayang kepada mereka yang bergumul dengan iman dan takhayul. "Mudah untuk menghina apa yang tidak kita pahami, tetapi kebijaksanaan sejati muncul dari kemampuan untuk menunjukkan kasih sayang, bahkan kepada mereka yang keyakinannya terasa asing bagi kita," lanjutnya, suaranya penuh dengan kelembutan dan wawasan. "Alih-alih menghakimi, kita harus mencoba memahami apa yang mendorong orang, apa yang menghubungkan mereka dengan iman dan tradisi mereka. Begitu kita memahaminya, kita dapat menolak. Persis seperti kita berkata tidak pada agama dan menyadari betapa berbahayanya agama secara umum. Kita harus membela diri dan setia pada kenyataan, karena mereka yang hanya fokus pada mimpi pada akhirnya akan hancur di bawah tekanan waktu."

Kata-katanya membawa suasana toleransi dan keterbukaan di dalam kelompok, yang menyadari perlunya melihat melampaui penilaian dangkal dan mengembangkan pemahaman yang lebih dalam tentang keragaman pengalaman dan keyakinan manusia.

Lancar merasakan tekad baru untuk terus mengangkat diri dan orang lain melalui pemahaman, rasa hormat, dan kasih sayang.

"Namun, kita tidak boleh lupa bahwa pencarian kita akan kebenaran dan pengetahuan juga mengharuskan kita untuk melawan kesalahpahaman dan penipuan dari pola pikir takhayul," lanjutnya dengan serius. "Kita harus menantang kekuatan ketidakrasionalan dan ketidaktahuan, bukan dengan kebencian atau penghinaan, tetapi dengan alasan yang jernih dan fakta-fakta yang tak terbantahkan." Kata-katanya dipenuhi dengan tekad dan keyakinan yang teguh pada kekuatan akal.

Kelompok itu mengangguk setuju, menyadari tanggung jawab yang ada di pundak mereka untuk melanjutkan perjuangan melawan ketidaktahuan, tidak hanya untuk diri mereka sendiri, tetapi juga untuk mereka yang masih terjebak dalam genggaman kepercayaan agama, takhayul, dan dogma.

Orang tua itu memandang para pengikutnya, tatapannya penuh tekad. "Itulah tugas kita sebagai anggota Vishnuh-Genootschap," ujarnya dengan serius. "Kita dipanggil untuk membiarkan cahaya akal bersinar dalam kegelapan ketidaktahuan, untuk memimpin orang lain di jalan pencerahan dan pemahaman, bahkan jika itu berarti kita kadang-kadang harus menghadapi keyakinan dan prasangka yang terakar dalam. Kata-katanya bergema di ruangan, dipenuhi dengan rasa kewajiban dan pengabdian yang mendalam. Kelompok itu mengangguk setuju, menyadari beban berat yang ada di depan mereka, tetapi bertekad untuk menghadapi ini dengan tekad dan keberanian. "Dalam pencarian kita akan kebenaran, kita telah belajar bahwa dunia ini kompleks dan penuh nuansa," lanjut orang tua itu. "Tidak semuanya dapat dijelaskan hanya oleh ilmu pengetahuan."

Ada misteri yang masih menunggu untuk diungkap, dan terkadang ada pengalaman yang melampaui batas pemahaman kita. Meskipun kita berpegang pada rasionalitas dan fakta, kita juga mengakui kekuatan dari makhluk spiritual manusia," lanjutnya. "Kita memahami bahwa ada lebih banyak di antara langit dan bumi daripada apa yang bisa kita lihat dengan indra kita. Namun bahkan di wilayah yang tidak diketahui itu, kita mencari kejelasan, bukan kepercayaan buta."

Perhimpunan Vishnuh mendorong penelitian di semua bidang pengetahuan, termasuk dimensi mistik dan spiritual dari keberadaan," tekankan lelaki tua itu. "Namun, kita melakukan ini dengan mata kritis dan pikiran terbuka, selalu mencari penjelasan yang berdasarkan pada bukti dan akal."

Ia berhenti sejenak dan melanjutkan: "Perjalanan kita menuju kebenaran tidak pernah berakhir, dan kami menyambut semua orang yang memiliki keberanian untuk bergabung dengan kami, tanpa memandang latar belakang atau keyakinan mereka. Karena pada akhirnya, bukan tujuan yang penting, tetapi jalan yang kita lalui bersama dalam pencarian kita akan pemahaman dan pencerahan. Perjalanan itu sendiri, dengan semua naik dan turunnya, tantangan dan kemenangan, membentuk inti dari eksistensi manusia kita. Di jalan ini kita tumbuh, belajar, dan akhirnya menemukan jati diri kita yang sebenarnya. Dalam pencarian bersama kita untuk pemahaman dan pencerahan, kita menemukan keterhubungan dan makna, dan menciptakan kenangan berharga yang akan bertahan menghadapi waktu."

Percaya pada kekuatan, pengetahuan, dan pemahaman.

Lelaki tua itu membiarkan pikirannya melayang kembali ke kenangan dari zaman yang telah berlalu, ketika Perhimpunan Vishnuh masih dalam masa kanak-kanak. Ia menceritakan tentang pendiri pertama, Vishnuh, dan para visioner lainnya yang mengikutinya dan kemudian bersatu dalam keinginan mereka akan kebenaran dan pengetahuan. Mereka berkumpul di biara terpencil dan kuil tersembunyi, di mana mereka mengabdikan diri untuk studi dan kontemplasi yang intens. Para pria dan wanita bijak dari Perhimpunan Vishnuh ini memahami bahwa pencarian kebenaran adalah perjalanan seumur hidup, sebuah pencarian yang memaksa mereka untuk menggali jauh ke dalam diri mereka dan melihat melampaui batas pemikiran konvensional. Dedikasi mereka pada pencarian ini membentuk dasar dari Perhimpunan Vishnuh, sebuah komunitas yang didedikasikan untuk mengeksplorasi misteri alam semesta dan mengungkap pengetahuan tersembunyi yang ada di dunia.

"Dasar-dasar perhimpunan kami diletakkan di zaman kerusuhan dan kebingungan," lanjut lelaki tua itu. "Orang-orang mencari jawaban atas pertanyaan-pertanyaan besar dalam hidup, tetapi hanya menemukan dogma yang bertentangan dan kisah-kisah yang penuh takhayul. Dari kekacauan itu, Hinduisme lahir dengan dewa-dewa monstros dan kisah-kisah yang tidak mungkin. "Hinduism muncul dari penciptaan para penguasa yang memperkenalkan pandangan dunia yang terdistorsi, dengan tujuan untuk mengintimidasi populasi.

Mereka datang dengan kisah tentang dewa-dewa yang melampaui imajinasi dan mitos yang dimaksudkan untuk mengendalikan pikiran dan perilaku manusia. Para penulis Hindu menggunakan nama dan legenda yang ada dan menciptakan cerita yang tidak mungkin, lengkap dengan ratusan dewa yang masing-masing memiliki tugas tertentu." "Dalam kekacauan itu, kami memilih jalan kami, bertekad untuk mengikuti jalan akal dan ilmu pengetahuan, betapapun sulitnya. Para leluhur kami tidak dapat mengizinkan diri mereka berpartisipasi dalam menipu orang-orang dan menjaga mereka dalam ketidaktahuan dengan kisah-kisah fantastis tentang sapi suci, manusia kera, dan teori-teori tanpa malu, dengan tujuan menindas rakyat dan menebar ketakutan."

Para leluhur kami dengan penuh pertimbangan dan keberanian berkomitmen untuk menyebarkan cahaya pengetahuan dan kebenaran, bahkan di bawah bayang-bayang penipuan dan penindasan. Dan mengikuti jejak mereka, kami berkomitmen untuk mengajarkan prinsip-prinsip berpikir kritis dan rasionalitas, dan berjuang melawan penyebaran takhayul dan dogma. Melalui pendidikan dan penyuluhan, kami berusaha membebaskan pikiran sesama manusia dari belenggu ketidaktahuan dan ketakutan. Kami mendorong mereka untuk mengajukan pertanyaan, untuk meragukan, dan untuk mencari jawaban sendiri.

Meskipun jalan akal tidak selalu mudah, kami berpegang teguh pada keyakinan kami dan terus berjuang untuk pembebasan jiwa. Dan meskipun tantangan terkadang tampak luar biasa, kami tidak pernah kehilangan harapan bahwa kekuatan pengetahuan pada akhirnya akan mengalahkan kegelapan ketidaktahuan." "Kami memahami bahwa kekuatan pengetahuan dan pemahaman adalah satu-satunya panduan sejati di dunia yang dilanda oleh agama, ketidakpastian, dan ketakutan. Jadi kami memulai perjalanan kami, tanpa mengetahui apa yang akan kami temui di sepanjang jalan, tetapi bertekad untuk melanjutkan pencarian kami, terlepas dari rintangan yang kami hadapi."

Pendeta berbicara tentang banyak tantangan yang harus dihadapi perkumpulan di Sri Lanka, penindasan oleh penguasa yang merasa terancam oleh kekuasaan mereka, perselisihan internal mengenai arah yang benar, dan tekanan konstan dari ketidaktahuan dan takhayul. Tetapi meskipun begitu, mereka tetap teguh dalam pencarian kebenaran mereka, selalu dipandu oleh cahaya akal. "Selama berabad-abad, kami telah melihat perkumpulan kami tumbuh dan berkembang, tetapi prinsip inti kami tetap sama," lanjutnya dengan sedikit kebanggaan dalam suaranya. "Kami telah berpegang pada keyakinan kami, terlepas dari tantangan yang muncul di depan kami, dan kami selalu berkomitmen untuk menyebarkan pengetahuan dan pemahaman di dunia yang sering kali dibutakan oleh ketidaktahuan."

"Dan lihatlah di mana kami sekarang," kata pria tua itu dengan senyuman. "Vishnuh-Genootschap telah berkembang menjadi benteng pengetahuan dan pencerahan, tempat berlindung bagi mereka yang haus akan pemahaman di dunia yang penuh ketidakpastian. Tetapi perjalanan kami masih jauh dari selesai. Masih banyak yang harus ditemukan, banyak misteri yang harus diungkap. Dan kami akan terus maju, selalu didorong oleh pencarian kami yang tak tergoyahkan akan kebenaran dan kebijaksanaan." Pria tua itu sedikit membungkuk ke depan, matanya berkilau dengan tekad dan gairah saat ia melanjutkan. "Tetapi pencarian kami akan kebenaran melampaui sekadar mengumpulkan pengetahuan. Kami juga berusaha untuk menyebarkan pemahaman dan belas kasih di dunia di sekitar kami," lanjutnya dengan senyuman hangat. Ia menunjuk kepada anggota muda dari perkumpulan yang dengan seksama mendengarkan kata-katanya. "Misi kami melampaui sekadar mengusir kegelapan ketidaktahuan; kami juga berupaya agar cahaya kebijaksanaan bersinar bagi mereka yang paling membutuhkannya."

"Adalah kewajiban kami untuk berbagi pengetahuan dan wawasan, memberdayakan dan menginspirasi orang lain, sehingga mereka juga dapat menempuh jalan menuju pencerahan. Bersama-sama, kita dapat menciptakan dunia di mana setiap orang mendapatkan kesempatan untuk tumbuh dan berkembang, bebas dari belenggu ketidaktahuan dan dipenuhi dengan kekuatan kebijaksanaan." "Kami menawarkan pendidikan, dukungan, dan bimbingan kepada mereka yang mencari jawaban, tanpa memandang latar belakang mereka. Siapa pun yang telah membebaskan diri dari kepercayaan sangat dipersilakan untuk bergabung dengan kami. Tujuan kami adalah menciptakan lingkungan yang aman dan mendukung di mana individu dapat berpikir bebas, mengajukan pertanyaan, dan mengikuti jalan mereka sendiri menuju kebenaran."

"Tanpa memandang dari mana Anda berasal atau apa keyakinan Anda sebelumnya, di sini Anda akan menemukan komunitas yang menyambut Anda dengan tangan terbuka dan membantu Anda dalam perjalanan penemuan diri dan pertumbuhan Anda. Penemuan diri adalah perjalanan eksplorasi batin dan pertumbuhan, di mana seseorang belajar mengenal diri mereka lebih baik, menemukan hasrat dan bakat mereka, serta memperoleh pemahaman yang lebih dalam tentang identitas dan tujuan hidup mereka. Ini adalah proses refleksi, introspeksi, dan kesadaran yang dapat menghasilkan perasaan pemenuhan dan makna yang lebih dalam.

Nilai kehidupan terletak pada pengalaman momen-momen sukacita, cinta, pertumbuhan, dan keterhubungan. Ini adalah hadiah yang berharga yang harus kita hargai dan syukuri, dan itu memberi kita kesempatan untuk mengejar impian kita, membangun hubungan, dan berkontribusi pada kesejahteraan orang lain. Alam dianggap sebagai sumber segala kehidupan, karena ia menyediakan elemen-elemen penting yang diperlukan untuk keberlangsungan semua makhluk hidup di bumi. Dari udara yang kita hirup hingga air yang kita minum dan makanan yang kita makan, alam menyediakan semua yang kita butuhkan untuk berkembang.

Selain itu, alam memberikan kita inspirasi, ketenangan, dan penyembuhan, dan menghubungkan kita dengan sesuatu yang lebih besar dari diri kita sendiri. Penting untuk menghormati, melindungi, dan merawat alam, karena ia adalah sumber kehidupan kita dan tanggung jawab kita untuk memastikan bahwa sumber ini tetap terjaga untuk generasi mendatang.

Suara beliau mengandung gairah yang membara saat ia berbicara, dan gerak-geriknya penuh keyakinan. Para anggota muda mengangguk setuju, terinspirasi oleh tekad dan pengabdian beliau terhadap misi tersebut. Mereka merasa termotivasi untuk mengabdikan diri pada tujuan mulia dari perkumpulan, siap menerangi dunia dengan pengetahuan dan kasih sayang. 'Namun kita juga harus tetap rendah hati,' lanjutnya. 'Kita tidak boleh pernah melupakan bahwa pemahaman kita selalu terbatas, dan bahwa selalu ada lebih banyak yang perlu dipelajari. Oleh karena itu, kita harus tetap terbuka terhadap ide-ide dan perspektif baru, bahkan ketika mereka menantang keyakinan kita dan memaksa kita untuk merenungkan kembali.'

Kata-katanya mengisi ruangan dengan ketenangan yang mantap, sementara tatapannya menembus para anggota muda. Ia menekankan pentingnya kerendahan hati di tengah pengetahuan, dan mendorong mereka untuk selalu berusaha mencapai pertumbuhan dan pencerahan, bahkan jika itu berarti mereka harus mempertanyakan keyakinan mereka sendiri. Sang lelaki tua terdiam sejenak, pikirannya dipenuhi dengan berbagai tantangan dan kemenangan yang telah dihadapi oleh perkumpulan sepanjang sejarah. 'Tetapi meskipun demikian, kita masih di sini, bertekad untuk mengangkat obor pengetahuan dan pencerahan, bahkan di masa-masa tergelap. Dan selama masih ada satu dari kita yang tersisa, api kebenaran dan pemahaman tidak akan pernah padam.'

Suara beliau memuat bobot pengalaman dan harapan, dan kata-katanya menyentuh hati para hadirin. Mereka merasakan kekuatan tradisi kuno yang mereka ikuti, dan tanggung jawab untuk melanjutkan tradisi tersebut. Dengan tekad yang diperbarui, mereka berjanji untuk meneruskan misi perkumpulan, mengetahui bahwa mereka akan menjaga warisan pengetahuan dan pencerahan meskipun menghadapi tantangan terbesar sekalipun.

Sang lelaki tua melanjutkan ceritanya dengan senyuman, mengingat bagaimana Vishnuh-Genootschap telah berkembang menjadi jaringan global para cendekiawan, filsuf, dan peneliti. Mereka telah berkontribusi pada banyak penemuan dan kemajuan di berbagai bidang, dari sains dan kedokteran hingga filsafat dan seni. Dengan bangga, ia berbicara tentang berbagai prestasi dan pencapaian perkumpulan, serta bagaimana kontribusi tersebut telah mempengaruhi jalannya sejarah. Ia menekankan pentingnya kolaborasi dan berbagi pengetahuan, serta bagaimana ini telah menjadi inti dari kesuksesan perkumpulan sepanjang waktu.

Saat ia berbicara, para pendengar merasa terinspirasi oleh warisan kaya perkumpulan dan peluang yang ditawarkannya untuk generasi mendatang. Mereka bertekad untuk melanjutkan tradisi tersebut dan berkontribusi pada pertumbuhan dan kemajuan berkelanjutan dari perkumpulan, dipandu oleh cita-cita kuno pengetahuan, pencerahan, dan kerjasama. 'Perkumpulan ini selalu berusaha untuk pendekatan holistik terhadap pengetahuan,' jelasnya. 'Kami percaya bahwa semua bentuk sains, seni, dan spiritualitas saling terhubung dan dapat saling memperkaya. Dengan bekerja sama dan berbagi pengetahuan, kita dapat memperoleh wawasan baru dan membantu kemanusiaan secara keseluruhan.'

Kata-katanya mencerminkan visi mendalam dari perkumpulan, di mana pencarian kebenaran dan pemahaman menjadi pusat. Para pendengar mengangguk setuju, tergerak oleh pentingnya pendekatan holistik di dunia yang sering terpecah belah. Mereka merasakan keterikatan yang diperbarui dengan misi perkumpulan dan bertekad untuk berkontribusi pada pencarian pengetahuan, harmoni, dan kemajuan untuk semua.

Ia menceritakan tentang banyak pikiran besar yang telah menjadi bagian dari perkumpulan, dari pemikir visioner hingga penemu terobosan. 'Tetapi pekerjaan kita belum selesai,' tekan beliau. 'Masih ada misteri yang menunggu untuk dipecahkan, dan masalah yang memerlukan solusi. Oleh karena itu, kita terus berkomitmen untuk pencarian kebenaran dan pemahaman, demi kesejahteraan seluruh umat manusia.'

Kata-katanya mencerminkan pencarian abadi perkumpulan akan pengetahuan dan kemajuan, dan menginspirasi para pendengar untuk terus berkomitmen pada masa depan yang lebih baik. Mereka merasa terhubung dengan sejarah panjang dan tujuan mulia dari perkumpulan, dan bertekad untuk melanjutkan warisan kebijaksanaan dan kemajuan untuk generasi mendatang.

Sang lelaki tua menatap rekan-rekannya, hatinya dipenuhi dengan kebanggaan dan rasa syukur atas peran yang mereka mainkan dalam mempromosikan pengetahuan dan pencerahan. 'Kita mungkin tidak menyembah Bakroes atau roh-roh,' ia menyimpulkan, 'tetapi keyakinan kita pada kekuatan pengetahuan dan pemahaman mungkin adalah sumber kekuatan terbesar kita. Dan selama kita terus memegang keyakinan itu, kita dapat mencapai apa pun yang kita inginkan.

Terbukti secara ilmiah bahwa alam adalah sumber kehidupan di Bumi. Berbagai disiplin ilmu seperti biologi, geologi, dan astrofisika menunjukkan bagaimana kehidupan telah berkembang dan bervariasi selama miliaran tahun evolusi. Proses seleksi alam, mutasi genetik, dan interaksi ekologi telah menghasilkan keragaman besar kehidupan yang kita kenal saat ini. Meskipun banyak hipotesis dan filosofi tentang asal-usul kehidupan, belum ada bukti ilmiah yang menunjukkan bahwa entitas manusia bertanggung jawab atas penciptaan kehidupan. Para ilmuwan terus menyelidiki asal-usul alam semesta dan kehidupan, menggunakan bukti empiris dan pemikiran rasional untuk memperluas pengetahuan dan pemahaman kita tentang dunia alami.

Apa yang pasti adalah bahwa ada energi universal dari kehidupan yang menembus segalanya, sebuah kekuatan esensial yang membentuk dasar keberadaan. Energi kehidupan ini, sering digambarkan sebagai kekuatan kosmik atau kesadaran universal, terlihat dalam siklus alam, pola-pola alam semesta, dan keterkaitan semua makhluk hidup.

Kata-katanya seperti sebuah mercusuar terakhir dari inspirasi, terikat kuat dalam keyakinan Genus Vishnuh. Setiap pernyataan yang ia buat membawa gema dari kebijaksanaan kuno yang telah diturunkan melalui generasi, dan anggota lainnya mengangguk setuju. Mereka dipenuhi dengan keyakinan bahwa mereka bersama-sama membentuk sebuah komunitas yang kuat, berakar pada keadilan dan integritas.

Dengan keteguhan yang tak tergoyahkan, mereka melanjutkan jalannya, mengetahui bahwa tantangan yang dihadapi tidak hanya merupakan rintangan, tetapi juga kesempatan untuk tumbuh dan belajar. Perasaan persatuan terasa nyata, sebuah energi kuat yang menghubungkan mereka dan memampukan mereka untuk mengangkat suara melawan ketidakadilan.

Didorong oleh kekuatan pengetahuan dan pemahaman, mereka bertekad untuk mengubah dunia di sekitar mereka. Mereka menyadari bahwa kekuatan sejati tidak hanya terletak pada perlawanan fisik, tetapi juga pada ketahanan mental dan emosional yang muncul dari kebijaksanaan kolektif mereka. Bersama-sama, mereka siap menghadapi tantangan masa depan, bertekad untuk menyebarkan dan mempertahankan nilai-nilai genosida.

Jalan ke depan pasti akan penuh rintangan, tetapi dengan saling percaya dan prinsip-prinsip yang menyatukan mereka, mereka tahu bahwa mereka dapat mengatasi segalanya. Tekad mereka tidak hanya akan memberi kekuatan kepada mereka, tetapi juga menginspirasi orang lain untuk bergabung dalam misi mereka demi keadilan dan penghormatan. Dalam perjuangan bersama ini, mereka menemukan makna dan tujuan yang dalam, bertekad untuk menciptakan dampak yang langgeng, tidak hanya di dalam komunitas mereka sendiri, tetapi juga di dunia yang lebih luas di sekitar mereka.

Orang tua itu membiarkan pikirannya melayang pada beberapa pencapaian paling luar biasa dari Genus Vishnuh sepanjang sejarah. Ia menceritakan tentang penemuan besar di bidang kedokteran dan pengobatan herbal, di mana anggota genosida mengembangkan perawatan baru yang menyelamatkan nyawa dan mengurangi penderitaan komunitas.

DENGAN MEMANFAATKAN pengetahuan kuno tentang tanaman obat dan menggabungkan metode tradisional dengan ilmu pengetahuan modern, mereka berhasil menciptakan obat-obatan efektif untuk berbagai kondisi dan penyakit. Pendekatan inovatif ini tidak hanya memperkuat kesehatan komunitas, tetapi juga menekankan pentingnya menjaga dan merawat pengetahuan tradisional dalam dunia yang terus berubah.

Ia menceritakan tentang ilmu bela diri Pencak-Silat yang dikembangkan untuk medan perang, di mana anggota genosida menggunakan pengetahuan mereka tentang bela diri dan taktik untuk menjaga perdamaian dan melindungi yang tidak bersalah.

Dengan kilau di matanya dan sedikit kebanggaan dalam suaranya, ia mengingat keberanian dan pengabdian mereka yang telah mendahului mereka, serta dampak yang abadi yang telah mereka tinggalkan di dunia di sekitar mereka. Warisan mereka terus hidup dalam hati dan pikiran mereka yang mengikuti, dan menjadi sumber inspirasi untuk melanjutkan karya mulia yang telah mereka mulai. Segala sesuatu yang mereka tinggalkan terus hidup dalam hati dan pikiran mereka yang kini memegang obor pengetahuan dan pencerahan, bertekad untuk meneruskan warisan genosida dan menjadikan dunia tempat yang lebih baik bagi generasi mendatang.

"Organisasi kami telah melakukan pekerjaan perintis dalam pengembangan obat untuk banyak penyakit," katanya dengan bangga. Dengan dedikasi, anggota organisasi telah mendedikasikan diri mereka untuk penelitian dan pengembangan vaksin terhadap penyakit mematikan. Upaya mereka menghasilkan penemuan dan produksi vaksin yang sangat penting dalam memerangi penyakit serius seperti cacar, polio, dan campak. Vaksin ini tidak hanya merupakan terobosan, tetapi juga telah menyelamatkan jutaan nyawa di seluruh dunia dan telah berkontribusi pada pemberantasan atau pengurangan signifikan penyebaran penyakit-penyakit ini.

Meskipun pencapaian mereka yang luar biasa dan dampak besar pada kesehatan masyarakat, organisasi memilih untuk tetap rendah hati tentang peran mereka dalam pengembangan vaksin ini. Mereka menyampaikan penemuan tanpa mengklaim tempat pertama, tidak peduli apakah orang lain mungkin memamerkan pencapaian mereka. Ini menunjukkan niat mulia mereka untuk berkontribusi pada kesejahteraan umat manusia tanpa motif egois. "Komitmen kami terhadap ilmu pengetahuan dan kemajuan telah memungkinkan kami untuk memerangi epidemi dan menyelamatkan kehidupan jutaan orang," ujarnya dengan bangga. Dia juga berbicara tentang kontribusi organisasi terhadap kemajuan teknologi, di mana anggota-anggota melakukan penemuan baru yang mengubah dunia.

"Kami telah berkontribusi pada pengembangan listrik, teknologi komunikasi, dan sarana transportasi," jelasnya. "Anggota kami adalah perintis yang telah membuka jalan bagi dunia modern yang kita huni saat ini." Dengan tatapan penuh kekaguman dan rasa hormat, para hadirin memandang pria tua itu, yang kata-katanya mengingatkan mereka pada kebesaran organisasi dan dampak yang telah ditimbulkannya dalam perjalanan sejarah. Mereka merasakan ikatan yang dalam dengan warisan pengetahuan dan kemajuan yang mereka bagi dan bertekad untuk meneruskannya untuk generasi mendatang.

Namun, dia juga menekankan bahwa organisasi tidak hanya fokus pada kemajuan materi, tetapi juga pada pengayaan spiritual. "Kami selalu berkomitmen untuk mempromosikan seni, sastra, dan filsafat," katanya. "Kami percaya bahwa keindahan dan kreativitas sama pentingnya dengan pengetahuan dan teknologi, dan kami selalu berusaha mencapai keseimbangan harmonis antara keduanya." Kata-katanya mencerminkan visi mendalam organisasi, di mana pencarian kebenaran dan keindahan berjalan beriringan. Para pendengar merasa terinspirasi oleh penekanan pada pengayaan spiritual dan pengakuan terhadap peran seni dan budaya dalam keberadaan manusia.

Mereka bertekad untuk menjunjung tinggi nilai-nilai ini dan terus berusaha menuju dunia di mana kemajuan materi dan spiritual menjadi pusat perhatian. Pria tua itu tersenyum saat dia merenungkan banyaknya keberhasilan organisasi. "Kami telah mencapai banyak hal sepanjang berabad-abad," simpulnya, "tetapi perjalanan kami belum berakhir. Masih ada atom yang menunggu untuk ditemukan, dan misteri lain dari alam semesta yang memanggil untuk diungkap."

Kata-katanya memicu gelombang tekad dan harapan di antara para hadirin, yang menyadari bahwa mereka adalah bagian dari pencarian yang berkelanjutan untuk pengetahuan, pencerahan, dan kemajuan. Dengan energi dan dedikasi yang diperbarui, anggota berjanji untuk meneruskan warisan organisasi dan berusaha menciptakan dunia yang lebih baik bagi semua generasi mendatang. Mereka bersumpah untuk tidak menyimpang dari jalan keadilan dan pencarian kebenaran.

Saat itu, seorang pria lain mengambil alih pembicaraan dan ekspresinya menjadi lebih serius ketika dia berbicara tentang pengembangan Pencak-Silat dan pencapaian lainnya dari Vishnuh-Genootschap.

Pencak-Silat.

"Pencak-Silat bukanlah olahraga; itu adalah seni kuno yang memiliki akar yang dalam dalam budaya dan tradisi kita," jelasnya dengan tegas. "Ini adalah jalan untuk pengembangan diri dan pertumbuhan spiritual, dan tidak boleh disamakan dengan sekadar kompetisi atau hiburan."

Kata-katanya membawa keheningan di ruang tersebut, dipenuhi dengan rasa hormat terhadap makna mendalam di balik seni bela diri yang dikembangkan oleh organisasi. Para pendengar mengangguk setuju, menyadari pentingnya menjaga integritas dan dimensi spiritual Pencak-Silat di tengah dunia modern.

Mereka bertekad untuk menghormati dan menghargai seni kuno ini, serta terus merangkul pelajaran tentang pengembangan diri dan pertumbuhan spiritual yang ditawarkannya. Dia menekankan bahwa esensi sejati Pencak-Silat terletak dalam pencarian kekuatan dan kebijaksanaan batin, bukan dalam meraih ketenaran kemenangan atau mengalahkan lawan.

"Dalam praktik Pencak-Silat, kami berusaha mencapai harmoni antara tubuh, pikiran, dan jiwa," lanjutnya. "Kami belajar untuk hidup dalam damai dengan diri sendiri dan orang lain, serta menggunakan kekuatan batin kami untuk tujuan yang positif."

Kata-katanya menyentuh hati para pendengar, yang mendalami dimensi spiritual dan filosofis dari seni bela diri tersebut. Mereka merasakan keterikatan yang diperbaharui dengan prinsip-prinsip penemuan diri dan perbaikan diri yang merupakan inti dari Pencak-Silat, dan berjanji untuk merangkul nilai-nilai ini dan mengamalkannya dalam kehidupan mereka sendiri.

Dengan rasa hormat dan penghormatan yang mendalam terhadap tradisi kuno organisasi, mereka bertekad untuk terus menelusuri jalan harmoni dan kekuatan batin, sejalan dengan esensi sejati Pencak-Silat. Pria itu berbicara tentang pelatihan yang ketat dan dedikasi yang diperlukan untuk menguasai seni sejati Pencak-Silat, serta pelajaran spiritual mendalam yang diajarkan oleh para guru berpengalaman.

"Ini adalah perjalanan seumur hidup dari penemuan diri dan perbaikan diri," katanya dengan serius. Dan Vishnuh-Genootschap menghormati tradisi kuno ini dengan merangkul dan menyebarkan prinsip-prinsip Pencak-Silat, serta mendorong orang lain untuk mendekatinya sebagai jalan pertumbuhan dan pencerahan spiritual.

Pencak-Silat tidak hanya mengajarkan cara bertarung, karena bertarung sering dianggap sebagai tindakan primitif. Sebaliknya, seni bela diri Pencak-Silat berfokus pada pengembangan keterampilan yang diperlukan untuk bertahan hidup dalam situasi berbahaya. Ini tidak hanya mengajarkan aspek fisik dari pertarungan, tetapi juga aspek mental dan spiritual yang penting untuk pertahanan diri.

Ajaran bela diri Pencak-Silat tidak berfokus pada kemenangan dalam perkelahian, tetapi lebih pada kemampuan untuk melindungi diri ketika hasil lain tampaknya tidak mungkin. Ini menekankan pentingnya pengendalian diri, disiplin, dan rasa hormat terhadap kehidupan. Alih-alih berusaha untuk agresif atau mengalahkan lawan, Pencak-Silat mendorong kerendahan hati, kasih sayang, dan menghindari konflik jika memungkinkan.

Meskipun benar bahwa Pencak-Silat mengandung teknik-teknik yang dapat mematikan, tujuan akhirnya bukan untuk membunuh, tetapi untuk bertahan hidup. Penekanan ada pada kemampuan untuk merespons dengan tepat terhadap situasi yang mengancam dan melindungi diri sendiri serta orang lain ketika diperlukan, bahkan jika itu berarti kadang-kadang harus menggunakan kekerasan, dan dalam kasus ekstrem bahkan membunuh, ketika tidak ada pilihan lain yang tampaknya ada.

Ini memerlukan pemahaman mendalam tentang tubuh manusia, teknik bertarung, dan strategi untuk pertahanan diri. Singkatnya, Pencak-Silat lebih dari sekadar seni bela diri; ini adalah filosofi hidup yang berfokus pada pengembangan diri, pertahanan diri, dan upaya untuk mencapai harmoni dan keseimbangan dalam semua aspek kehidupan.

Kata-katanya menyentuh inti dari filosofi organisasi, yang tertanam dalam tradisi Pencak-Silat dan perjalanan spiritual yang diwakilinya. Para pendengar merasakan penghargaan yang diperbaharui terhadap kekayaan dan kedalaman seni kuno ini dan berjanji untuk menghayati dan menyebarkan pelajaran tentang pengabdian, disiplin, dan perbaikan diri yang terkandung di dalamnya.

Dengan rasa hormat yang mendalam terhadap tradisi kuno organisasi, mereka bertekad untuk melanjutkan dan menyebarkan warisan Pencak-Silat sebagai sumber pertumbuhan spiritual dan pencerahan bagi semua yang menelusuri jalannya.

"Dia mengakhiri pidatonya dengan seruan kepada semua anggota organisasi untuk menghormati dan menghargai semangat sejati Pencak-Silat, serta untuk terus mempraktikkannya dengan integritas, kerendahan hati, dan rasa hormat terhadap kebijaksanaan mendalam yang diwakilinya.

Pria itu berbicara dengan serius tentang tantangan yang dihadapi Vishnuh-Genootschap sepanjang sejarah, termasuk konfrontasi dengan suku-suku kanibal dan suku-suku musuh lainnya. Dia menceritakan tentang perjuangan berani yang dilakukan oleh anggota organisasi, yang menggunakan pengetahuan seni bela diri mereka untuk melindungi diri dan orang lain dari musuh yang berbahaya.

"Memang benar bahwa Vishnuh-Genootschap sering menghadapi suku-suku musuh dan ancaman lainnya di masa lalu," akunya. "Tetapi melalui komitmen kami terhadap pelatihan dan disiplin, kami mampu melindungi diri kami secara efektif dan melindungi komunitas kami dari bahaya."

Kata-katanya mencerminkan ketahanan dan tekad organisasi di tengah tantangan dan kesulitan.

PARA PENDENGAR MERASAKAN penghargaan yang mendalam terhadap sejarah perjuangan dan kemenangan yang telah dilalui organisasi, dan bertekad untuk melanjutkan semangat pengabdian dan ketekunan yang sama di zaman mereka sendiri.

Dengan rasa bangga dan hormat terhadap warisan organisasi, mereka bertekad untuk melanjutkan tradisi pelatihan dan disiplin, serta terus melindungi komunitas mereka dari segala bentuk bahaya.

Dia berbicara tentang banyak tindakan heroik yang dilakukan oleh para pejuang organisasi, yang menggunakan keterampilan mereka dalam Pencak-Silat untuk memenangkan pertempuran dan menjaga perdamaian.

"Ilmu bela diri kami lebih dari sekadar alat untuk membela diri; itu adalah instrumen yang kuat untuk keadilan dan perlindungan," ia menyatakan. Dengan kata-katanya, ia memberi penghormatan kepada tradisi kuno keberanian dan ketekunan yang diabadikan oleh para pejuang organisasi. Para pendengar merasakan kekaguman yang mendalam terhadap para pahlawan yang telah melindungi komunitas mereka dan berjuang untuk keadilan, didorong oleh prinsip-prinsip Pencak-Silat.

Mereka berjanji untuk melanjutkan dan menghormati warisan keberanian dan pengabdian ini, mengetahui bahwa kekuatan keadilan dan perlindungan selalu ada di tangan mereka, diperkuat oleh kebijaksanaan kuno dari Vishnuh-Genootschap. Namun, ia juga menekankan bahwa Vishnuh-Genootschap selalu berusaha mencari solusi damai dan rekonsiliasi, bahkan di saat konflik.

"WALAUPUN KAMI SIAP untuk membela diri saat diperlukan, kami juga percaya pada kekuatan dialog dan pemahaman untuk menyelesaikan konflik," katanya. "Kami selalu berusaha untuk mencapai perdamaian dan harmoni, baik di dalam komunitas kami maupun dengan dunia di sekitar kami."

Dengan kata-kata ini, ia menekankan keyakinan mendalam organisasi akan kekuatan solusi damai dan kerjasama yang konstruktif. Pendengar merasakan inspirasi baru untuk menghadapi konflik dengan pikiran terbuka dan sikap damai, serta untuk berusaha mencapai harmoni dan pemahaman dalam semua aspek kehidupan mereka. Dengan tekad untuk mewujudkan ideal-ideal ini, mereka berjanji untuk terus mengikuti jalan perdamaian dan dialog, sejalan dengan prinsip-prinsip abadi dari Vishnuh-Genootschap.

Pria itu menutup ceritanya dengan penghormatan kepada keberanian dan ketekunan para pejuang Vishnuh-Genootschap, yang telah teguh dalam upaya mereka untuk keadilan dan keamanan bagi semua sepanjang sejarah. Kata-kata terakhirnya menjadi gema tradisi kuno keberanian dan pengabdian yang menjadi ciri organisasi tersebut. Para pendengar merasakan rasa syukur yang mendalam untuk para pahlawan yang telah mendahului mereka dan bertekad untuk melanjutkan warisan mereka dengan keteguhan dan tujuan mulia yang sama.

Dengan inspirasi baru dan rasa keterhubungan dengan sejarah organisasi, mereka bertekad untuk mengedepankan nilai-nilai keadilan dan keamanan, sekarang dan untuk generasi yang akan datang. Lancar duduk di sana, terpesona oleh kisah-kisah yang diceritakan. Matanya bersinar dengan kekaguman saat mendengarkan keberanian Vishnuh-Genootschap. Seolah-olah ia dibawa dalam perjalanan melintasi waktu, menuju dunia penuh petualangan dan keberanian. Ia merasakan rasa hormat yang mendalam terhadap anggota organisasi yang telah berjuang untuk kebenaran, keadilan, dan pencerahan selama berabad-abad.

Pengabdian mereka pada pengetahuan, ketekunan mereka di masa sulit, menginspirasinya untuk mengejar cita-cita yang lebih tinggi. Sambil duduk di sana, terinspirasi oleh sejarah yang kaya dan tujuan mulia organisasi, Lancar merasakan panggilan batin untuk mengikuti jalannya sendiri dalam penemuan diri dan pengabdian. Ia tahu bahwa ia akan membawa pelajaran tentang keberanian, pengabdian, dan pencerahan yang telah ia pelajari dalam hatinya, menggunakan mereka sebagai kompas untuk hidupnya sendiri.

Dengan tekad baru dan perasaan keterhubungan yang mendalam dengan Vishnuh-Genootschap, Lancar bersiap menghadapi tantangan masa depan, bertekad untuk memberikan kontribusinya sendiri dalam pencarian yang berkelanjutan untuk kebenaran dan keadilan. Sementara kisah-kisah berlanjut, Lancar merasakan api ketekunan menyala di dalam dirinya. Ia tahu bahwa ia ingin menjadi bagian dari sesuatu yang lebih besar dari dirinya sendiri, sesuatu yang bisa mengubah dan memperbaiki dunia. Dan dengan pemikiran itu di hatinya, ia terus mendengarkan, bertekad untuk mengikuti jalannya sendiri dalam pertumbuhan, pengetahuan, dan pengabdian.

Cerita dari Masa Lalu.

Lancar mendengarkan dengan minat besar terhadap cerita tentang perjalanan dan petualangan Vishnuh-Genootschap di abad ke-13. Pikiran tentang anggota organisasi yang menyeberangi lautan dan menemukan dunia baru membangkitkan rasa semangat dan keheranan dalam dirinya. Ia mendengar tentang kesulitan yang mereka hadapi, tentang perjuangan berani melawan suku-suku Afrika dan kekuatan kolonial yang menghalangi jalan mereka. Namun, di tengah semua tantangan, mereka tetap teguh dan setia pada ideal-ideal mereka.

Saat Lancar mendengar cerita tentang keberanian dan tekad para pelancong ini, ia merasakan rasa hormat yang mendalam terhadap keberanian dan ketahanan mereka. Ia menyadari bahwa mereka telah membuka jalan bagi generasi mendatang, dan warisan mereka masih hidup dalam ideal-ideal organisasi tersebut.

Cerita-cerita ini menginspirasi Lancar untuk melampaui batas-batasnya sendiri, untuk dengan berani menghadapi tantangan yang ada di depannya, dan untuk tetap berpegang pada ideal-idealnya sendiri, sama seperti anggota Vishnuh-Genootschap yang telah melakukannya berabad-abad lalu.

Lancar merasakan rasa hormat yang mendalam terhadap para penjelajah pemberani dari organisasi tersebut, yang bersedia menghadapi yang tidak diketahui dalam pencarian mereka akan pengetahuan dan petualangan. Ketekunan mereka untuk mengatasi rintangan dan menjelajahi cakrawala baru menginspirasinya untuk juga melampaui batas-batasnya dan menjelajahi jalan-jalan baru. Saat ia mendengarkan cerita tentang perjalanan Vishnuh-Genootschap, Lancar merasakan hasrat yang membara untuk menjelajahi dunia, untuk bertemu budaya baru dan mendapatkan pengalaman baru. Ia tahu bahwa ia ingin mengalami petualangannya sendiri, dan ia merasa terinspirasi oleh sejarah yang kaya dari organisasi tersebut untuk mengikuti jalannya sendiri dalam penemuan.

Bagian dari Sejarah.

Lancar mendengarkan dengan campuran keterkejutan dan keterpukauan terhadap cerita tentang perang saudara di Indonesia dan intrik yang dijalin oleh umat Islam dan Kristen. Sungguh memilukan untuk mendengar bagaimana masyarakat yang damai dikhianati dan diserang oleh mereka yang mengaku bertindak atas nama agama.

Ia mendengar tentang kerajaan yang saling diadu oleh orang luar yang mencari kekuasaan dan kontrol. Ini adalah pengingat yang menyedihkan tentang sisi gelap dari keserakahan manusia dan penyalahgunaan kekuasaan.

Cerita tentang bagaimana orang Arab merebut tanah dari mereka yang mereka khianati dan bunuh membuat Lancar merasa marah. Ini adalah contoh mengejutkan dari kolonialisme dan imperialisme, di mana orang-orang tak berdosa dirampas tanah dan sumber daya mereka oleh para penyerang yang ganas. Namun, di tengah semua cerita tentang pengkhianatan dan kekerasan ini, Lancar tetap berpegang pada harapan bahwa selalu ada orang-orang yang berusaha menuju perdamaian dan keadilan.

Ia merasa bertekad untuk berkomitmen pada dunia di mana kerja sama dan pemahaman menjadi prioritas, dan di mana kesalahan dari masa lalu tidak akan terulang. Dengan pikiran itu, ia mendengarkan lebih jauh, bertekad untuk belajar dari masa lalu dan menciptakan masa depan yang lebih baik. Lancar mendengar bagaimana perang, pembunuhan, dan intrik mendominasi kepulauan Hindia, dan bagaimana ketidakstabilan ini akhirnya memaksa Vishnuh-Genootschap untuk pergi. Ia merasakan beratnya keputusan yang harus diambil anggota organisasi untuk meninggalkan tanah air mereka, didorong oleh dorongan menuju perdamaian dan stabilitas.

Ketika ia mendengar bahwa mereka sekarang menetap di daerah yang sekarang dikenal sebagai Suriname, Lancar merasakan secercah harapan. Di sini, jauh dari konflik yang telah mengejar mereka, mereka menemukan rumah baru. Tempat di mana mereka bisa memelihara dan mempromosikan ideal-ideal pengetahuan, perdamaian, dan kerja sama. Ia merasa kagum atas ketahanan dan ketekunan Vishnuh-Genootschap, yang tidak membiarkan diri mereka patah semangat oleh kemunduran, tetapi sebaliknya, mengambil jalan baru dalam pencarian untuk masa depan yang lebih baik. Ini menginspirasinya untuk percaya pada kekuatan ketahanan dan tekad, bahkan di saat-saat tersulit.

Dengan rasa syukur untuk jalan yang telah diambil Vishnuh-Genootschap dan harapan yang mereka pelihara, Lancar menatap masa depan dengan penuh harapan. Ia tahu bahwa bahkan di saat kekacauan dan ketidakstabilan, selalu ada ruang untuk perdamaian dan kemajuan, dan ia bertekad untuk memberikan kontribusinya pada dunia di mana keduanya dapat berkembang. Seorang senior mengambil kata dan berbicara kepada Lancar. "Kau adalah keturunan dari dinasti Kediri, yang tidak terlibat dalam takhayul, bakroe, dan yorka."

Saat mendengar kata-kata ini, Lancar merasakan gelombang keterkejutan dan keheranan mengalir melalui dirinya. Seorang keturunan dari dinasti Kediri? Ide bahwa ia adalah keturunan dari dinasti kuno dan bergengsi ini mengisi dirinya dengan rasa bangga sekaligus rendah hati. Pikirannya dipenuhi dengan sejarah kaya dinasti Kediri. Ia membayangkan raja-raja dan ratu-ratu yang pernah memerintah kerajaan kuno, kebesaran dan kebijaksanaan yang membedakan mereka sepanjang zaman.

Warisan dinasti Kediri bukan hanya cerita tentang kekuasaan dan pengaruh; ini juga adalah kisah tentang budaya, seni, dan pengetahuan yang telah bertahan melawan ujian waktu. Lancar merasakan tanggung jawab untuk menghormati dan meneruskan warisan ini, sebuah koneksi dengan nenek moyangnya yang menginspirasinya untuk hidup dengan kebanggaan dan integritas. Kata-kata senior bergema dalam pikirannya sebagai panggilan untuk merangkul potensi dirinya, bukan hanya untuk dirinya sendiri, tetapi juga untuk mengenang mereka yang telah mendahuluinya.

Saat ia merenungkan asal-usulnya, ia merasakan keinginan baru untuk belajar dan berkembang, untuk mengintegrasikan nilai-nilai dinasti Kediri dalam hidupnya sendiri. Kebijaksanaan nenek moyangnya akan membimbingnya dalam perjalanan menuju aktualisasi diri, dan ia merasa bertekad untuk memanfaatkan kesempatan ini. Dengan rasa tujuan yang diperbarui, Lancar memutuskan bahwa ia tidak hanya akan melihat masa lalunya sebagai warisan, tetapi sebagai panduan untuk masa depannya.

Saat Lancar merenungkan asal-usulnya, ia merasakan ikatan yang dalam dengan nenek moyangnya dan warisan mereka. Ia menyadari bahwa ia memiliki peran untuk memainkan dalam meneruskan legasi mereka, dan ia merasa terdorong untuk meneruskan nilai-nilai kebijaksanaan, keadilan, dan kebesaran dalam hidupnya sendiri.

Dengan perasaan identitas dan tujuan yang diperbarui, Lancar siap untuk menghormati warisannya dan melanjutkan jalannya sebagai keturunan yang layak dari dinasti Kediri. Dengan warisan ini datanglah rasa tanggung jawab. Lancar merasakan ikatan yang dalam dengan nenek moyangnya dan cita-cita mereka tentang keadilan, kemakmuran, dan kemajuan. Ia tahu bahwa ia memiliki peran untuk memainkan dalam meneruskan warisan mereka dan berjuang untuk masa depan yang lebih baik bagi komunitasnya dan dunia. Dengan ketegasan yang diperbarui dan rasa keheranan atas asal-usulnya, Lancar merangkul perannya sebagai keturunan dinasti Kediri.

Ia tahu bahwa ia memikul tanggung jawab untuk meneruskan warisan mereka dan menjadikan dunia tempat yang lebih baik untuk generasi mendatang. "Nenek moyangmu adalah pahlawan, dan kamu membawa darah mereka, seperti kebanyakan dari kita di sini. Kita memiliki tugas untuk melindungi satu sama lain, dalam suka dan duka. Ini adalah kewajiban kita untuk saling menjaga dan tidak menunggu Tuhan, seperti yang dilakukan oleh para penganut agama. Karena menunggu Tuhan dan menyembahnya membawa kesengsaraan. Kita adalah anak-anak alam, karena alam adalah pencipta kehidupan. Mari kita memberi penghormatan kepada mereka yang berhak menerimanya."

Lancar merasakan kekuatan kata-kata ini bergema dalam hatinya. Ia sangat menyadari bahwa ia merupakan bagian dari komunitas yang berasal dari nenek moyang yang gagah berani, dan ia merasakan ikatan yang dalam dengan misi yang mereka kejar.

Ia mengangguk setuju saat mendengar kata-kata tentang melindungi satu sama lain dan saling menjaga, terlepas dari keadaan. Gagasan bahwa mereka sebagai komunitas bertanggung jawab atas kesejahteraan satu sama lain mengisi dirinya dengan rasa solidaritas dan kekuatan.

Lancar juga merasakan perasaan kebebasan saat memikirkan tentang mengandalkan alam daripada Tuhan. Bagi dirinya, alam selalu menjadi sumber inspirasi dan keheranan, dan sekarang ia juga melihatnya sebagai pencipta kehidupan yang sejati. Gagasan bahwa mereka sebagai manusia alami merupakan bagian dari keseluruhan yang lebih besar mengisi dirinya dengan rasa keterhubungan yang dalam dengan dunia di sekelilingnya.

Dengan kata-kata ini dalam pikirannya, Lancar merasakan ketegasan baru untuk melayani dan melindungi komunitasnya, dan berusaha menuju dunia di mana solidaritas, saling menjaga, dan penghormatan terhadap alam menjadi pusat perhatian. Ia tahu bahwa ia harus menghormati warisan nenek moyangnya dan bahwa ia memiliki peran penting dalam mewujudkan visi mereka untuk dunia yang lebih baik.

Hari sudah larut, saatnya tidur. Cahaya hangat dari api unggun perlahan mulai memudar saat cerita-cerita terakhir hari itu diceritakan.

Semua orang mengucapkan selamat tinggal dan pergi ke gubuk mereka masing-masing, dan Lancar melakukan hal yang sama. Ia merangkak ke bawah selimutnya, pikirannya masih dipenuhi dengan cerita yang ia dengar malam itu.

Saat ia perlahan tenggelam dalam tidur yang dalam, Lancar mulai bermimpi. Dalam mimpinya, ia berada di tengah hutan gelap, dikelilingi oleh bayangan dan misteri. Tiba-tiba, Bakroe muncul, makhluk menakutkan dari folktale Suriname. Dengan campuran ketakutan dan ketegasan, Lancar berdiri berhadapan langsung dengan monster tersebut. Tiba-tiba, Yorka dan Libba juga muncul di belakangnya.

Namun, Lancar tidak gentar dan akan memberikan mereka pelajaran berharga yang tidak akan mereka lupakan. Dengan tekad di hatinya, Lancar melangkah maju, siap untuk menghadapi tantangan tersebut. Ia tahu bahwa ia memiliki kekuatan untuk mengatasi ketakutannya dan menghadapi makhluk-makhluk mitos tersebut. Dengan tatapan penuh tekad di matanya dan langkah yang pasti, Lancar melanjutkan jalannya, bertekad untuk menggunakan kekuatan batinnya untuk menunjukkan kepada Yorka dan Libba bahwa ia tidak takut akan kekuatan gelap mereka.

Dalam mimpi, Lancar merasakan gelombang adrenalin mengalir melalui tubuhnya saat ia bersiap untuk menghadapi konfrontasi.

Ia mengingat pelajaran tentang keberanian dan tekad yang telah ia pelajari dari Vishnuh-Genootschap, dan dengan pengetahuan ini, ia siap untuk mengatasi ketakutannya. Dengan tatapan penuh tekad di matanya, Lancar melangkah maju, siap menggunakan kekuatan batinnya untuk menghadapi tantangan dunia mimpi.

Dalam mimpinya, Lancar merasakan kekuatan yang belum pernah ia rasakan sebelumnya muncul dari dalam dirinya.

Dengan keberanian dan tekad, ia menghadapi Bakroe, jantungnya berdebar kencang di dalam dada. Ia bertarung seperti pahlawan sejati, pikirannya tajam dan gerakannya cepat.

Bakroe tertegun oleh ketidakgentaran Lancar dan mulai perlahan mundur.

Tak lama kemudian, seperti kilat yang menyambar, Lancar melemparkan roh jahat ke udara, dan mereka tidak dapat menghadapinya.

Dengan pukulan yang kuat dan tekad, ia memukul mereka, mematahkan lengan dan kaki mereka, dan menghancurkan mereka menjadi debu.

Yorka dan Libba terkejut oleh keberanian dan kekuatan Lancar.

Mereka tidak menyangka bahwa ia akan menjadi lawan yang tangguh. Meskipun mereka memiliki kekuatan gelap, mereka terdesak oleh tekad dan ketekunan Lancar. Ketika Lancar selesai, roh jahat terbaring kalah di kakinya.

Ia telah mengatasi ketakutannya dan menunjukkan kekuatan batinnya, dan ia menyadari bahwa ia lebih kuat daripada yang pernah ia duga.

Dengan perasaan kemenangan dan kepuasan, Lancar kembali ke kenyataan, mengetahui bahwa ia dapat mengatasi setiap tantangan dengan keberanian dan tekad.

Saat malam berlalu, Lancar mengusir semua hantu dan roh yang meneror hutan. Tindakan beraninya mengisi hutan dengan rasa pembebasan dan ketenangan. Dengan setiap langkah yang ia ambil, bayangan gelap menghilang dan memberi jalan bagi cahaya fajar. Lancar merasakan kekuatan tekad dan keberanian yang dalam di hatinya.

Ketika ia terbangun dari mimpinya, Lancar merasakan rasa bangga dan percaya diri yang mendalam.

Kelas terakhir di sekolah dasar

Waktu berlalu dengan cepat, dan tak lama kemudian, Lancar berada di kelas tujuh sekolah dasar. Dengan setiap hari yang berlalu, pengetahuan dan kepercayaan dirinya meningkat.

Di kelas, ia menemukan minat baru dan mempelajari berbagai topik, dari matematika hingga sejarah dan sains. Lancar terpesona oleh kompleksitas angka dan logika di balik rumus matematika. Ia merasa puas saat menyelesaikan masalah dan menemukan pola tersembunyi yang membentuk dasar dunia di sekelilingnya. Selain itu, ia juga terpesona oleh cerita-cerita dari masa lalu saat mengikuti pelajaran sejarah.

Menjelajahi peradaban kuno dan memahami bagaimana peristiwa di masa lalu mempengaruhi jalannya sejarah membuka matanya terhadap kompleksitas masyarakat dan budaya manusia. Ilmu pengetahuan juga sangat menarik baginya. Mempelajari fenomena alam, memahami hukum fisika, dan kimia di balik fenomena sehari-hari menumbuhkan rasa ingin tahu dan kerinduan akan pengetahuan lebih dalam diri Lancar.

Di kelas, Lancar tidak hanya menemukan pengetahuan, tetapi juga sumber inspirasi dan tanah subur untuk hasratnya yang semakin berkembang untuk belajar dan menjelajahi. Setiap topik baru yang ia pelajari membuka pintu ke dunia kemungkinan dan wawasan baru, mendorongnya untuk terus memperluas cakrawala intelektualnya.

Lancar berkembang pesat di lingkungan kelas barunya. Ia membangun hubungan yang kuat dengan beberapa guru yang simpatik dan unggul dalam berbagai mata pelajaran. Tekadnya untuk sukses mendorongnya maju, dan ia selalu siap untuk menantang diri sendiri dan terus tumbuh.

Saat ia mendalami studinya, Lancar tidak pernah melupakan pelajaran yang ia pelajari dari nenek moyangnya dan cerita yang diceritakan kepadanya. Ia mendapatkan kekuatan dari kebijaksanaan kuno itu dan menemukan inspirasi untuk terus melangkah, bahkan ketika tantangan terkadang terasa sangat berat.

Di kelas tujuh, Lancar mulai menyadari bahwa perjalanan penemuan diri dan pertumbuhannya baru saja dimulai. Ia merangkul peluang yang ada di hadapannya dan menantikan petualangan yang akan datang. Dengan semangat yang teguh dan hati yang terbuka, ia siap menghadapi masa depannya.

Ia juga terkejut bertemu kembali dengan Bu Annie, tetapi kali ini ia berdiri di depan kelas sebagai guru matematika. Setelah insiden di kelas 4, ia jarang melihatnya. Saat itu, ia mengajar di kelas lain, jauh dari kelas yang pernah memberinya ulang tahun yang menyedihkan.

Lancar tidak dapat menahan senyum ketika mengingat kenakan yang ia lakukan pada Bu Annie dengan duri di kursinya, sebagai semacam balas dendam atas momen ketika ia berusaha mempermalukannya berulang kali. Meskipun Lancar tidak dapat menyangkal bahwa kenangan itu membuatnya tersenyum, ia juga merasakan ketidaknyamanan saat bertemu kembali dengan Bu Annie.

Dia tahu bahwa dia telah tumbuh sejak hari-hari itu, menjadi lebih dewasa dan lebih bijaksana, dan dia berharap interaksi mereka sekarang akan berbeda. Ketika Bu Annie masuk ke kelas, pandangannya sejenak tertuju pada Lancar, dan untuk sesaat, seolah-olah mata mereka saling bertemu. Lancar merasakan campuran kegugupan dan tekad mengalir dalam dirinya. Dia bertekad untuk membuktikan dirinya, tidak hanya kepada Bu Annie, tetapi juga kepada dirinya sendiri. Dengan senyuman yang mantap, dia memfokuskan perhatian pada papan tulis, siap untuk mendalami dunia matematika, bertekad untuk menunjukkan yang terbaik dari dirinya, apa pun yang akan dihadapinya.

Sungguh mengejutkan bagi Lancar, dia memperhatikan bahwa Bu Annie tampak berubah. Tatapan tegasnya seolah telah digantikan oleh penampilan yang lebih ramah. Dia menjadi lebih tenang dan sikapnya lebih lembut, bahkan terhadap Lancar. Beberapa pelajaran pertama diisi dengan kehangatan yang tidak terduga. Bu Annie mendorong interaksi dan terbuka untuk pertanyaan, sesuatu yang tidak diharapkan Lancar setelah bentrokan mereka sebelumnya. Dia meluangkan waktu untuk menjelaskan konsep-konsep yang kompleks dan bahkan menjangkau Lancar untuk membantunya saat dia terjebak.

Perilaku baru Bu Annie mengejutkan Lancar, tetapi itu juga membuatnya mulai melihatnya dengan cara yang berbeda. Perlahan-lahan, Lancar mulai menyadari bahwa orang bisa berubah. Mungkin ulahnya dengan duri di kursi Bu Annie juga membuatnya berpikir. Mungkin dia telah menyadari bahwa pendekatan kerasnya tidak selalu efektif. Apa pun alasannya, Lancar merasakan kelegaan bahwa ketegangan di antara mereka tampaknya berkurang.

Seiring berjalannya hari, muncul dinamika baru antara Lancar dan Bu Annie. Dia mulai lebih menghormati dan menghargai Bu Annie sebagai guru, dan dia tampak, pada gilirannya, juga lebih percaya padanya. Hubungan mereka berkembang dari sebuah perjuangan yang canggung menjadi saling pengertian dan rasa hormat, menciptakan suasana di kelas yang lebih meny◇kan dan semakin meningkatkan rasa percaya diri Lancar. Itu adalah perubahan yang menyegarkan, dan Lancar merasa nyaman dengan pendekatan baru Bu Annie.

Mungkin insiden sebelumnya telah dilupakan atau telah mengubahnya dengan cara tertentu. Bagaimanapun, menyenangkan melihat bahwa Bu Annie sekarang berbeda, dan Lancar menantikan pelajaran matematika bersamanya. Ketika Bu Annie melihat Lancar untuk pertama kalinya di kelasnya, dia datang dengan senyuman hangat dan berkata, "Halo Lancar, senang bertemu lagi." Wajah Lancar bersinar penuh kebahagiaan saat mendengar kata-kata ramahnya. Dia menyambut kembali Bu Annie dengan semangat dan menjawab, "Halo Bu Annie, senang bertemu Anda lagi. Saya menantikan pelajaran matematika!" Itu adalah pertemuan yang hangat yang menetapkan nada untuk hubungan positif antara Lancar dan Bu Annie di kelasnya. Lancar merasa nyaman dan menantikan pelajaran-pelajaran tersebut.

Tetapi kemudian, saat pelajaran berlangsung, Lancar mulai memperhatikan sesuatu tentang Bu Annie. Di balik wajah ramah itu, tampak ada sisi gelap yang tersembunyi, sisi yang tidak hilang, tetapi tidak mengganggu Lancar. Sesekali, Lancar bisa menangkap sekilas tatapan tajam di mata Bu Annie, tatapan yang dia kenali dari pengalamannya sebelumnya dengannya. Dia melihat bagaimana dia kadang-kadang bisa terlalu keras pada siswa lain, dengan ledakan kemarahan yang cepat yang dapat mengubah suasana kelas secara mendalam.

Saat Lancar menyadari sisi ini dari Bu Annie, dia memutuskan untuk tidak terganggu olehnya. Dia fokus pada proses belajarnya sendiri dan tetap berkonsentrasi pada studinya. Untungnya, sisi gelap Bu Annie tampaknya tidak mempengaruhi hubungan mereka, dan dia terus menikmati pelajaran matematika dan rasa percaya diri yang semakin tumbuh dalam mata pelajaran itu.

Suatu hari, sisi gelap Bu Annie terungkap dalam bantuan yang dia tawarkan kepada Prem. Prem adalah seorang anak Hindu di kelasnya yang tidak selalu pergi ke sekolah. Bu Annie memiliki kelemahan untuk anak itu karena dia tidak memiliki orang tua dan tinggal bersama neneknya, yang tidak mampu membayar uang sekolah. Suatu hari, Bu Annie mengusulkan kepada neneknya untuk mengizinkan Prem tinggal bersamanya, agar dia bisa tumbuh bersama putranya yang sebaya. Meskipun tawaran itu tampak ramah pada pandangan pertama, Lancar segera menyadari bahwa ada sesuatu yang lebih.

Dia menangkap cuplikan percakapan antara Bu Annie dan Prem, di mana dia berjanji bahwa Prem akan hidup lebih baik jika tinggal bersamanya, dengan peluang yang lebih baik dan masa depan yang lebih stabil. Tetapi Lancar merasakan secara intuitif bahwa ada sesuatu yang tidak beres. Dia bisa melihat kekhawatiran di mata Prem, seolah-olah dia tidak yakin ingin melakukan hal itu. Akhirnya, Prem menyerah pada tawarannya, diyakinkan oleh argumen dan keteguhan hati Bu Annie.

Meskipun Lancar tidak tahu persis apa yang direncanakan Bu Annie, dia memutuskan untuk mengikuti instingnya. Saat situasi antara Bu Annie dan Prem berkembang, Lancar tetap bertekad untuk melakukan apa yang benar, bahkan jika itu berarti harus melawan gurunya. Dia bertekad untuk membantu Prem menemukan jalannya sendiri, jauh dari pengaruh gelap Bu Annie.

Lancar memang melihat bahwa Prem, sejak tinggal bij juf, menunjukkan kemajuan di sekolah. Dia mengerjakan PR-nya dan juf Annie memamerkannya ketika seorang teman sekelas tidak mengerjakan PR. Dia selalu menggunakan Prem sebagai contoh, karena menurutnya Prem selalu menyelesaikan PR-nya, tidur tepat waktu, dan tidak pernah begadang.

Seolah-olah juf Annie bangga dengan perubahan yang dia lihat pada Prem dan menggunakan kesuksesannya untuk memotivasi yang lain. Ini menekankan peran Prem sebagai siswa teladan di dalam kelas, di mana disiplin dan dedikasinya menjadi inspirasi bagi teman-teman sekelasnya. Meskipun perkembangan positif Prem, Lancar tetap skeptis terhadap motif juf Annie.

Dia tidak bisa mengabaikan bahwa sikapnya terhadap Prem dan pujian terus-menerus tentang prestasinya tidak sepenuhnya tulus. Ada sesuatu dalam nada dan cara bertindak juf Annie yang membuat Lancar meragukan kejujurannya. Meskipun juf Annie tidak lagi mengganggu Lancar seperti sebelumnya di kelas empat, dia melihat bahwa juf Annie belum mengubah sifat manipulatifnya. Pameran tentang Prem tidak terjadi begitu saja. Lancar tidak bisa tidak bertanya-tanya apa yang disembunyikan juf Annie di balik pujian tentang Prem dan ketiba-tibaannya untuk berkomitmen pada kesuksesannya.

Suatu hari, ketika lagi ada yang tidak mengerjakan PR, juf Annie kembali menyebut nama Prem dan berkata dengan nada memaksa bahwa kelas harus meneladani dia. "Prem," katanya dengan kata-kata menggiurkan dan senyum khasnya, "tunjukkan bagaimana seharusnya."

Prem menatapnya dengan ketakutan, seolah-olah dia tidak tahu bagaimana menghadapi situasi tersebut. Matanya melintasi kelas, mencari jalan keluar, sebelum akhirnya ia berkata pelan, "Saya juga tidak mengerjakan PR, juf."

Keheningan canggung menyelimuti ruang kelas. Keceriaan biasa mendadak menghilang, dan semua orang menahan napas. Kata-kata Prem terasa berat di udara, sementara kontras antara apa yang diharapkan juf Annie dan kenyataan menjadi sangat jelas. Kelas melihat dari Prem ke juf Annie, menunggu bagaimana reaksinya.

Keheningan terasa seperti selamanya. Senyum juf Annie membeku, matanya bergetar karena kagum. Kejutan situasi tersebut membuatnya sedikit kehilangan keseimbangan, dan seluruh kelas merasakan ketegangan. Prem, yang biasanya dianggap sebagai siswa teladan, tanpa sadar telah memperlihatkan kerentanan seluruh situasi.

Juf Annie menelan ludah dan segera pulih. Dia merapikan bahunya dan menghadirkan senyum yang tampak sedikit terpaksa. "Nah, Prem, itu disayangkan," katanya, suaranya masih terkontrol, tetapi keceriaan itu sudah menghilang. "Maka, lain kali kamu harus berusaha lebih baik."

Kelas menghela napas kolektif, seolah beban berat terangkat dari pundak mereka. Tetapi meskipun momen itu tampak berlalu, ada perasaan canggung yang tetap ada. Mungkin juf Annie telah pulih, tetapi para siswa telah melihat sesuatu yang penting: bahkan guru sempurna pun kadang tidak bisa mengendalikan segalanya, dan bahkan siswa terbaik pun bisa melakukan kesalahan.

Lancar, yang duduk diam di sudut, mengamati situasi dengan mata yang tajam. Dia tahu bahwa ini lebih dari sekadar kesalahan biasa. Ini adalah sekilas dinamika nyata di balik tampilan kesempurnaan.

DENGAN PERLAHAN, KEHERANAN berubah menjadi bisikan dan tawa kecil, meredakan ketegangan yang ada. Jelas bahwa pujian Bu Annie tentang ketekunan dan dedikasi Prem tidak sepenuhnya tepat. Sementara kelas menikmati ironi situasi itu, Lancar merasakan campuran emosi. Dia merasa kasihan pada Prem, yang sekarang secara terbuka dihadapkan pada harapan yang tidak realistis yang telah diletakkan oleh Bu Annie. Pada saat yang sama, dia juga merasakan perasaan lega karena kebenaran akhirnya terungkap.

Peristiwa itu menjadi pengingat yang keras bagi Lancar bahwa tidak semuanya seperti yang terlihat. Ini membuka matanya terhadap sifat manipulatif Bu Annie dan memperkuat tekadnya untuk menemukan jalannya sendiri, terlepas dari harapan yang dikenakan orang lain padanya.

Bu Annie mendapat angin dari depan ketika kelas menyadari bahwa dia telah salah menyebut Prem sebagai contoh. Untuk menyelamatkan sedikit muka, dia mencoba membela diri: "Tapi kamu kan seharian di rumah dengan anak saya?"

Namun, Prem menggelengkan kepala dan menjawab dengan tegas: "Tidak, kami sedang pergi dan minum bir, dan kami baru pulang pukul 12 malam." Prem melanjutkan: "Saya sering tidak mengerjakan PR saya, tapi Anda tidak pernah menanyakannya ketika Anda mengklaim di depan kelas bahwa saya sudah mengerjakannya."

Kata-katanya menimbulkan keheningan canggung di kelas, sementara siswa saling memandang, menyadari ketidakadilan yang diungkapkan oleh Prem.

Bu Annie berdiri dengan pipi merah dan ekspresi penyesalan di wajahnya, menyadari bahwa dia telah secara tidak sengaja menerapkan perlakuan yang tidak adil. Jawaban Prem membuat Bu Annie terdiam, sementara kebenaran dari kata-katanya terasa seperti tamparan di wajahnya.

Tawa yang menggelegar memenuhi ruang kelas, udara hampir bergetar karena intensitasnya. Siswa bergoyang di kursi mereka, air mata kebahagiaan mengalir di pipi mereka. Sumber tawa itu tidak diragukan lagi adalah komentar Prem yang membuat seluruh kelas meledak dalam gelombang tawa yang menghibur. Di tengah semua itu, Bu Annie kehilangan perannya. Wajahnya suram, ekspresi ceria yang biasanya digantikan oleh tatapan malu dan ketidaknyamanan. Dia merasa sangat malu dan tahu bahwa dia tidak bisa terus berpura-pura. Ini adalah pelajaran yang menyakitkan bagi Bu Annie, yang harus menghadapi perilaku manipulatifnya dan menerima konsekuensi dari tindakannya.

Sejak saat itu, dinamika di kelas berubah. Bu Annie berhenti menggunakan Prem sebagai siswa teladannya dan mulai menghargai prestasi semua siswa, tanpa menunjukkan preferensi kepada siswa tertentu.

Peristiwa itu menjadi pelajaran penting bagi Bu Annie dan kelas, dengan menekankan kejujuran dan integritas sebagai nilai-nilai esensial dalam pendidikan dan kehidupan. Setelah kejadian ini, kelas agak berubah. Seolah-olah siswa kini lebih menghormati Prem, bukan hanya karena dia jujur, tetapi juga karena dia telah mengajarkan mereka pelajaran tentang tidak menghakimi orang lain. Mereka mulai melihat Prem sebagai contoh integritas dan keberanian, seseorang yang tetap teguh pada kebenarannya, bahkan di hadapan tekanan dan harapan.

Di sisi lain, Bu Annie sepertinya telah belajar pelajaran tentang tidak menerima situasi dengan cepat tanpa memeriksanya terlebih dahulu. Sejak saat itu, dia kurang cenderung membanggakan prestasi siswa tertentu tanpa memastikan fakta-fakta tersebut. Dia mulai lebih memperhatikan pendekatannya dan memilih kata-katanya dengan lebih hati-hati, alih-alih secara buta mengandalkan asumsi.

Peristiwa itu menjadi titik balik, tidak hanya bagi Bu Annie dan Prem, tetapi juga untuk seluruh kelas. Itu memperkuat pentingnya kejujuran, integritas, dan empati dalam hubungan mereka satu sama lain dan menekankan kekuatan belajar dari pengalaman satu sama lain. Perlahan namun pasti, rasa hormat dan keterhubungan baru tumbuh di kelas, di mana semua orang didorong untuk saling mendukung dan menghormati, tanpa memandang latar belakang atau pengalaman mereka. Insiden ini menandai titik balik di kelas dan menjadi pelajaran berharga bagi kita semua. Itu menekankan perlunya tidak hanya bergantung pada kesan permukaan, tetapi untuk menemukan kebenaran sebelum menjatuhkan penilaian.

Bagi Bu Annie, itu adalah pengingat tentang kekuatan kejujuran dan kerendahan hati, bahkan dalam perannya sebagai guru.

Adapun Lancar, dia hampir tidak bisa menahan tawanya, tetapi Bu Annie tidak bereaksi. Dia menyadari bahwa Lancar memahami bahwa dia juga merujuk padanya, mengingat kebiasaannya yang hampir tidak pernah mengerjakan PR.

Momen ini menciptakan rasa keterhubungan antara Lancar dan gurunya, dan menekankan pentingnya komunikasi terbuka dan pengertian dalam hubungan kami.

Tahun ajaran berlalu dengan cepat, dan segera ujian pun tiba, yang akan menentukan siapa yang akan melanjutkan ke Ulo atau Mulo.

Ketegangan terasa di udara saat para siswa bersiap untuk ujian menantang yang ada di depan mereka. Lancar merasakan campuran kegugupan dan tekad saat dia berusaha keras untuk mempersiapkan ujian penting tersebut. Dia tahu bahwa prestasinya selama ujian ini akan memiliki dampak besar pada masa depannya dan arah pendidikan yang akan diambilnya.

Dengan kepalanya yang penuh pengetahuan dan pena yang siap untuk menulis, Lancar dengan tekad menghadapi tantangan yang ada di depannya, bertekad untuk melakukan yang terbaik dan mengendalikan masa depannya sendiri.

Dengan perasaan lega dan bangga, Lancar menerima hasilnya dan menemukan bahwa ia telah meraih nilai tinggi. Berita bahwa ia bisa melanjutkan ke Mulo membuatnya merasa senang dan bersemangat. Pada hari wisuda, Bu Annie memberikan pidato di mana ia memuji Lancar. Ia menyatakan bahwa Lancar adalah murid terbaik di kelas, meskipun hampir selalu lalai dalam mengerjakan PR.

Ia masih tidak bisa mengerti bagaimana Lancar, meskipun sering tidak hadir, dapat lulus semua ujian dengan nilai yang sangat baik dan lulus dengan hasil tertinggi.

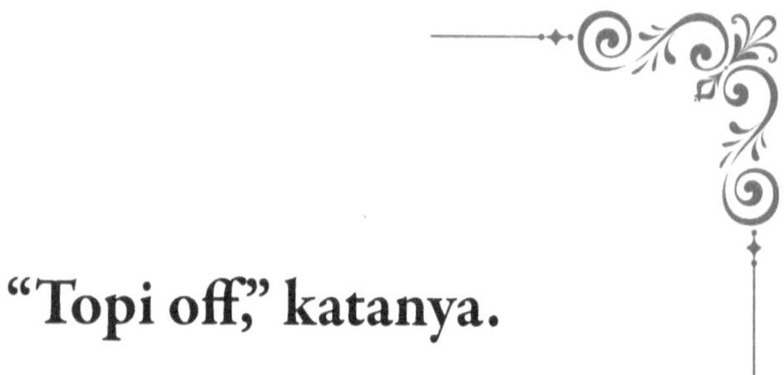

"Topi off," katanya.

Secara pribadi, Lancar merasa pidato itu mengecewakan, karena ia tahu bahwa Bu Annie adalah seorang hipokrit. Dan justru dia yang harus memujinya, dia yang selalu berusaha merendahkannya dengan cara yang licik jika ada kesempatan.

Rasanya seperti putaran ironis dari takdir, bahwa orang yang dulunya menjadi kritikus terbesarnya kini tiba-tiba menyanyikan pujiannya. Kata-katanya, yang penuh dengan penghinaan di masa lalu, sekarang terdengar seperti pujian, suaranya kini dipenuhi dengan sedikit kekaguman yang tidak pernah diharapkan oleh Lancar. Ketika ia kini menyebut Lancar sebagai contoh kecerdasan dan kepatuhan, Lancar tidak bisa tidak tersenyum memikirkan kontras dengan bagaimana ia diperlakukan di masa lalu.

Perubahan sikapnya yang tiba-tiba membuatnya menyadari bahwa orang bisa berubah, bahkan mereka yang dulunya menjadi rintangan terbesar dalam jalannya menuju kesuksesan. Mungkin itu adalah pengakuannya terhadap prestasinya yang membuat kepercayaan dirinya tumbuh, mengetahui bahwa ia tidak lagi perlu terpengaruh oleh upaya-upaya penghinaan di masa lalu. Mungkin itu adalah pujian yang tidak terduga yang semakin memperkuat tekadnya, mendorongnya untuk bekerja lebih keras dan mengejar tujuannya.

Saat ia berdiri di sana, kata-katanya penuh dengan penghargaan baru terhadap kemampuannya, Lancar merasakan perasaan kemenangan mengalir di dalam dirinya. Ia tidak membiarkan dirinya patah oleh kritiknya sebelumnya, dan sekarang, dengan pengakuannya, ia merasa lebih kuat daripada sebelumnya.

Jadi saat ia sekarang memuji Lancar sebagai contoh teladan, ia hanya bisa tersenyum dan berterima kasih padanya atas pelajaran yang tidak sengaja diajarkannya.

Karena melalui upaya-upaya penghinaannya di masa lalu, ia telah belajar untuk mengenali nilai dirinya dan percaya pada kemampuannya untuk berhasil, terlepas dari rintangan yang muncul di jalannya.

Di Mulo.

I tu adalah penghargaan untuk kerja keras dan dedikasinya sepanjang tahun ajaran.

Lancar merasakan kepuasan bahwa usahanya telah membuahkan hasil dan bahwa ia memiliki kesempatan untuk melanjutkan pendidikan di tingkat yang mencerminkan potensinya. Pengalaman ini mengkonfirmasi keyakinannya pada kemampuannya untuk mengatasi rintangan dan mengejar tujuannya dengan tekad dan ketekunan.

Dengan senyuman di wajahnya dan rasa harapan untuk masa depan, Lancar menantikan tantangan dan peluang baru yang menantinya di Mulo. Tahun ajaran pertama di Mulo tidak dimulai dengan sangat menarik bagi Lancar, tetapi segera ia terlibat dalam konfrontasi yang tak terduga dengan seorang guru keturunan Hindustan.

Guru tersebut tampak meremehkan ketika mengetahui bahwa Lancar adalah seorang Vishnu. Pertikaian ini mengejutkan Lancar, yang tidak mengharapkan bahwa latar belakang non-agama akan menjadi sumber konflik di sekolah. Ia merasa tidak nyaman di bawah tatapan kritis guru tersebut dan berjuang dengan cara ia diperlakukan karena kepercayaannya.

Meskipun menghadapi tantangan awal di Mulo, Lancar bertekad untuk tetap mengikuti jalannya sendiri dan tidak membiarkan keyakinannya dipengaruhi oleh sikap orang lain. Ia tahu bahwa ia harus tetap setia pada dirinya sendiri, bahkan jika itu berarti melawan prasangka dan ketidakpahaman.

Komentar menyindir dari guru tersebut, yang secara implisit meragukan intelektual Lancar karena latar belakang non-agama-nya, tidak diterima dengan baik oleh siswa lainnya. Meskipun mereka mungkin tidak memberikan dukungan terbuka, banyak yang merasa tidak nyaman dengan sikap guru tersebut.

Namun, Lancar tidak membiarkan komentar itu berlalu begitu saja. Ia merasakan hasrat yang kuat akan keadilan dan tahu bahwa ia tidak bisa diam saja di depan penghinaan seperti itu. Ia merencanakan balas dendam, bertekad untuk memberi guru tersebut pelajaran dan menunjukkan bahwa ia tidak boleh diremehkan karena latar belakangnya. Dengan tekad dan hasrat yang membara akan keadilan, Lancar mulai merencanakan bagaimana ia akan menghadapi gurunya dengan cara yang tepat dan menunjukkan bahwa ia tidak akan tunduk pada prasangka.

Mengetahui bahwa guru tersebut sangat menghargai barang-barang materi dan sering membanggakan pembelian terbarunya, sebuah mobil sport Ford Capri, Lancar mendapatkan ide. Ia melihat ini sebagai kesempatan untuk membalas dendam dengan cara yang cerdik dan halus terhadap guru tersebut atas komentar merendahkan yang telah dilontarkannya.

Lancar memutuskan untuk melaksanakan rencananya selama salah satu pelajaran ketika guru tersebut sedang mengungkapkan kebanggaannya tentang mobil barunya. Alih-alih membiarkan dirinya terintimidasi oleh kemewahan materi dari guru tersebut, Lancar memutuskan untuk membuat rencana yang akan membongkar guru tersebut dan menunjukkan bahwa ada lebih banyak hal daripada sekadar penampilan luar.

Dengan senyum nakal di wajahnya dan sedikit kegembiraan di hatinya, Lancar menunggu dengan sabar untuk momen yang tepat untuk melaksanakan rencananya dan memberikan guru tersebut pelajaran yang tidak akan segera dilupakannya.

Dengan tekad dan presisi yang cerdik, Lancar bergerak selama istirahat menuju tempat di mana guru tersebut memarkir mobil sportnya, Ford Capri yang berkilau. Dengan hati-hati memastikan bahwa tidak ada yang memperhatikannya, ia mulai melaksanakan rencananya untuk mengambil balas dendam secara halus.

Dengan kantong kecil berisi pasir putih yang dibawanya dari rumah, Lancar dengan cekatan membuka tutup bensin mobil dan dengan hati-hati menuangkan pasir ke dalam tangki bensin. Tindakannya cepat dan tepat, memastikan bahwa ia tidak meninggalkan jejak yang bisa mengungkapkan tindakannya.

Dengan senyuman puas di wajahnya, Lancar menutup kembali tutup bensin dan diam-diam kembali ke sekolah. Rencananya berhasil, dan ia tidak sabar untuk melihat bagaimana peristiwa-peristiwa akan terungkap.

Merasa kecewa karena tidak dapat melihat reaksi guru tersebut secara langsung, Lancar memutuskan untuk pulang lebih awal setelah pelajaran, sementara guru tetap di sekolah untuk rapat. Namun, pikirannya tetap tertuju pada aksinya, dan ketegangan akan apa yang akan datang memenuhi pikirannya. Meskipun kepergiannya terlihat tenang, ia hampir tidak sabar menunggu hingga pagi berikutnya.

Dengan rasa ingin tahu tentang bagaimana guru tersebut akan bereaksi terhadap aksi sabotase kecilnya, ia mulai membayangkan berbagai skenario. Pikirannya tentang kemungkinan ledakan kemarahan atau bahkan tangisan memberi sedikit perasaan kegembiraan, campuran antara ketegangan dan harapan. Apa yang akan dilakukan guru tersebut? Bagaimana reaksi kelas? Kesabaran Lancar diuji dengan kuat, tetapi ia tahu bahwa ia hanya perlu menunggu satu malam untuk mengetahui semuanya.

Pagi berikutnya, Lancar tiba di sekolah tepat waktu, bersemangat dan penuh rasa ingin tahu. Ia hampir tidak bisa menahan senyumnya saat bersiap untuk pelajaran, menantikan apa yang akan terjadi.

Setiap suara di koridor membuat jantungnya berdebar-debar, menanti kemungkinan akibat dari tindakannya. Dengan campuran antara kegugupan dan kegembiraan, Lancar menunggu dengan sabar, siap untuk melihat peristiwa-peristiwa terungkap dan menemukan dampak dari aksinya terhadap guru tersebut.

KETIKA GURU SEJARAH memasuki kelas, ada sesuatu yang jelas berbeda tentang dirinya. Sikapnya yang biasanya ceria dan percaya diri tampaknya tergantikan oleh perasaan keheningan dan ketenangan. Ia mengajar tanpa lelucon dan komentar yang biasa, dan tampak canggung ketika tatapannya jatuh padaku.

Lancar tidak bisa menahan senyumnya saat mengamati reaksinya. Meskipun dia mungkin menduga bahwa Lancar telah melakukan sesuatu pada mobilnya, Lancar menyadari bahwa sebuah dugaan bukanlah bukti. Meskipun demikian, tampaknya setelah insiden ini, dia tidak lagi berusaha mempermalukan Lancar. Sebaliknya, ia menjadi mengejutkan ramah dan membantu, bahkan ketika Lancar memintanya untuk membantu. Seolah-olah permainan kucing dan tikus kecil mereka telah mengambil belokan tak terduga, dan hubungan mereka berubah dari persaingan menjadi saling menghormati.

Meskipun mereka mungkin tidak selalu sejalan, tampaknya ada semacam pemahaman yang muncul di antara mereka yang melampaui konflik sebelumnya. Guru sejarah, yang bernama Bapak Singh, mulai memperlakukan Lancar dengan rasa hormat yang baru ditemukan. Seolah-olah ia akhirnya mengakui bahwa Lancar lebih dari sekadar siswa nakal, tetapi seorang individu dengan potensi dan martabat. Perubahan sikap ini membuat Lancar merasa lebih dihargai dan dihormati di kelas, yang berdampak positif pada kepercayaan dirinya.

Seiring pelajaran berlanjut, Lancar memperhatikan bahwa ia kini dapat berkomunikasi lebih mudah dengan gurunya. Ambang untuk bertanya menjadi lebih rendah dan ada rasa keterbukaan yang sebelumnya tidak ada. Mereka bahkan mulai berbicara di luar kelas, berbagi pendapat tentang peristiwa sejarah dan berdiskusi tentang berbagai sudut pandang.

Secara keseluruhan, titik balik yang tak terduga dalam hubungan mereka memberikan dampak positif pada pengalaman sekolah Lancar. Ini menunjukkan kepadanya bahwa orang bisa berubah dan bahkan hubungan yang paling sulit pun dapat berkembang menjadi sesuatu yang indah, asalkan ada niat untuk saling memahami dan menghormati.

Kelas pertama Mulo tidak menarik bagi Lancar. Bagi Lancar, itu terasa seperti kelas taman kanak-kanak; pelajaran-pelajarannya tidak menarik, dan oleh karena itu ia lebih sering tinggal di rumah daripada pergi ke sekolah. Ia sulit memotivasi dirinya untuk pergi ke sekolah setiap hari, dan pelajaran rutin tidak mampu menarik perhatiannya. Rasanya seolah ia terjebak dalam siklus kebosanan dan ketidakpedulian yang tiada akhir.

Hanya saat ujian dan tes, Lancar datang dengan semangat. Tiba-tiba, ada semacam adrenalin yang muncul dalam dirinya, dorongan untuk menunjukkan apa yang sebenarnya bisa dia lakukan. Momen-momen krusial ini adalah waktu baginya untuk bersinar, untuk menunjukkan potensi sebenarnya di tengah lingkungan yang secara umum ia anggap membosankan dan tidak menarik. Ketajaman yang tidak terduga selama momen ujian ini bahkan mengejutkan para gurunya. Mereka bertanya-tanya mengapa dia tidak menunjukkan dedikasi dan keterlibatan yang sama selama pelajaran sehari-hari.

Namun bagi Lancar, ujian-ujian ini adalah kesempatan untuk membuktikan bahwa dia lebih dari sekadar sikap sehari-hari yang tampak. Ini adalah kesempatan untuk menunjukkan bahwa dia mampu mencapai prestasi besar, meskipun keadaannya tidak ideal. Meskipun sikapnya terhadap sekolah mungkin tidak sepenuhnya benar, momen-momen puncak ini adalah pengingat penting tentang potensinya. Mungkin kurangnya tantangan dalam pelajaran sehari-hari adalah alasan mengapa dia tidak dapat sepenuhnya terlibat.

Mungkin dia hanya membutuhkan lingkungan yang bisa memenuhi dahaga intelektualnya dan merangsang kreativitasnya.

Namun untuk saat ini, Lancar tetap berpegang pada strateginya untuk hadir seminimal mungkin, menunggu momen-momen krusial di mana dia bisa menunjukkan apa yang sebenarnya layak dia lakukan.

Dan siapa tahu, mungkin dia pada akhirnya akan menemukan cara untuk mendapatkan kembali hasratnya untuk belajar, bahkan di tengah hari-hari monoton di Mulo.

Lancar melaju mulus ke kelas dua, tiga, dan empat Mulo. Dengan tekadnya dan kepercayaan diri yang semakin tumbuh, ia mengejar tujuan akademisnya dengan energi yang diperbarui.

Tantangan di kelas-kelas rendah kini tampak hanya sebagai rintangan kecil di jalannya menuju kesuksesan, dan dia merangkul setiap kesempatan untuk memperluas pengetahuannya dan meningkatkan keterampilannya.

Saat ia memasuki kelas-kelas yang lebih tinggi, Lancar menemukan tingkat tantangan dan kompleksitas baru dalam studinya. Tetapi alih-alih merasa terbebani, ia merasa termotivasi oleh kemungkinan untuk melampaui batasnya dan mencapai ketinggian baru. Ia menyelami studinya lebih dalam, memanfaatkan setiap kesempatan untuk memperdalam pemahamannya dan terus berusaha menuju tujuannya.

Dengan setiap hari yang berlalu, Lancar tumbuh, tidak hanya secara akademis, tetapi juga sebagai pribadi. Ia mengembangkan ketahanan, kegigihan, dan apresiasi yang lebih dalam terhadap pentingnya pendidikan. Perjalanannya melalui Mulo ditandai oleh kesuksesan dan penemuan diri, dan ia melihat setiap tantangan baru sebagai kesempatan untuk tumbuh dan berkembang. Saat ia melanjutkan jalannya di kelas-kelas yang lebih tinggi, Lancar terus meninggalkan jejak di komunitas sekolah. Keteguhannya dan sikap positifnya menginspirasi teman-teman sekelas dan guru-gurunya, dan namanya menjadi sinonim dengan kesuksesan dan keteguhan hati.

Akhirnya, ketika waktu untuk kelulusannya tiba, Lancar melihat kembali perjalanan melalui Mulo dengan kebanggaan dan kepuasan. Ia telah membuktikan bahwa dengan dedikasi dan ketekunan, tidak ada tantangan yang terlalu besar untuk diatasi. Dan ketika ia memasuki fase berikutnya dari perjalanan pendidikannya, ia melakukannya dengan keyakinan bahwa ia dapat menghadapi apa pun yang ditawarkan hidup kepadanya.

Di kelas empat Mulo, ada seorang anak laki-laki kulit putih bernama Vander Sloot, putra dari komisaris polisi. Anak itu sangat sombong dan merasa lucu, karena hampir semua orang tertawa dengan leluconnya. Ia datang ke sekolah dengan sepeda balap, memamerkannya seolah-olah itu adalah kebanggaan dan kegembiraannya.

Suatu hari selama pelajaran biologi, Lancar menjawab pertanyaan dari guru biologi. Dan Vander Sloot, yang sudah merasa lucu lagi, mengarahkan kata-katanya kepada Lancar, mengklaim bahwa Lancar tidak bisa berkemih dengan tangan kosong. Beberapa siswa tertawa, tetapi Lancar merencanakan balas dendam. Ia ingin mengajarkan pelajaran yang berharga kepada anak komisaris itu. Mungkin ia merasa tidak tersentuh karena ayahnya adalah komisaris.

Lancar meminta bantuan dari Vishnuh-Genootschap untuk menyelidiki semua gerak-gerik Vander Sloot.

Pada suatu Sabtu malam, saatnya tiba. Lancar pergi dengan sekelompok anggota Vishnu ke Paramaribo dan mengambil posisi strategis dekat rumah Vander Sloot. Ketegangan sangat terasa saat ia menunggu. Tak lama kemudian, Vander Sloot muncul, tertawa dan percaya diri, bersama dua anak laki-laki kulit putih lainnya yang mengikutinya. Percakapan mereka yang tidak bersalah dan tawa ceria memecah kesunyian malam. Lancar telah memutuskan untuk melakukan ini sendirian, meskipun suara khawatir dari anggota genootschapnya telah mendorongnya untuk menghadapi konfrontasi bersama. Ia ingin menghadapi pertarungan dengan caranya sendiri. Dengan tatapan yang penuh tekad di wajahnya, ia mengenakan topeng; itu terasa seperti simbol tekadnya dan kekuatan keyakinannya.

Ketika Vander Sloot mendekat, Lancar melompat ke depan. Kejutan di wajah Vander Sloot tidak dapat dibeli dengan uang. Sebelum ia bisa berpikir, serangan itu terjadi. Lancar memukulnya dengan pukulan kuat yang membuat Vander Sloot terjatuh ke tanah. Dampaknya sangat hebat, dan anak itu tetap terbaring di sana, bingung dan terkejut dengan apa yang baru saja terjadi.

Teman-teman kulit putih Vander Sloot, terkejut dan terkejut oleh serangan mendadak dan kekerasan itu, segera berteriak dan melarikan diri dalam kepanikan. Bayangan mereka menghilang cepat ke dalam malam, meninggalkan kekacauan yang terjadi.

Lancar berdiri sejenak, hatinya berdegup kencang di dadanya. Ia akhirnya telah menemukan suaranya, tetapi realitas dari apa yang telah dilakukannya mulai meresap. Apakah ini benar-benar solusi yang ia harapkan? Atau apakah ia telah memicu sesuatu yang lebih besar dari sekadar konfrontasi ini? Saat ia berdiri di sana, ia merasakan kekuatan dari tindakannya, tetapi juga beratnya kemungkinan konsekuensi.

Insiden itu tidak tidak dikenal dan mengirimkan gelombang kejut melalui komunitas sekolah. Vander Sloot, yang selalu berjalan dengan arogan dan merasa superior, terpaksa meredakan sikapnya. Pahlawan terkenal sekolah, yang sebelumnya melenggang tanpa rasa takut di lorong-lorong, kini harus menghadapi konsekuensi dari perilakunya.

Ini adalah titik balik bagi Lancar; ia telah mengatasi ketakutannya dan membuktikan bahwa ia tidak takut untuk membela diri, bahkan terhadap seseorang dengan banyak kekuatan dan pengaruh. Vander Sloot, yang selalu bersikap angkuh, kuat, dan dengan sikap yang tak tergoyahkan, kini terlihat sama sekali tidak seperti itu. Anak-anak di sekelilingnya, yang sebelumnya mengagumi keberaniannya, mulai bertanya-tanya apakah ia benar-benar sekuat yang ia tunjukkan. Lancar telah memecahkan perisainya dan, alih-alih menjadi anak yang ketakutan seperti sebelumnya, ia kini menjadi seseorang yang berani melawan ketidakadilan.

Meski tindakan Lancar mungkin kontroversial, ia pantas mendapatkan penghormatan atas keberanian dan ketekunannya. Dalam minggu-minggu berikutnya, teman-teman sekelasnya berbicara dengan penuh kekaguman tentang dirinya. Gagasan bahwa seseorang telah berani memukul putra komisaris sampai pingsan menyebabkan banyak rumor dan spekulasi di komunitas Suriname. Siapa yang berani melakukannya? Siapa pelaku misterius ini?

Identitas penyerang tetap diselimuti misteri, yang memicu gelombang rasa ingin tahu dan spekulasi. Sementara beberapa siswa menganggap tindakan itu sebagai tindakan ceroboh, yang lain melihatnya sebagai bentuk perlawanan terhadap tatanan yang sudah terlalu lama tidak adil. Rumor menyebar seperti api; nama Lancar semakin sering disebutkan, tetapi tidak ada yang berani mengucapkannya dengan keras. Wajah yang tidak dikenal tetapi berani ini telah mengubah situasi dan membuat komunitas sekolah melihat dirinya dengan cara yang berbeda.

Serangan misterius itu terus menjadi perbincangan dan berfungsi sebagai peringatan bahwa tidak ada seorang pun yang berada di atas hukum alam, bahkan anak dari komisaris. Vander Sloot, yang dulu begitu percaya diri, tidak muncul di sekolah selama berminggu-minggu. Rahang yang patah membuat ketidakhadirannya mencolok dan memicu diskusi hangat di dalam komunitas sekolah mengenai apa yang sebenarnya terjadi dan siapa yang bertanggung jawab atas cedera yang dideritanya.

Ketika dia akhirnya kembali ke sekolah, ada perubahan yang jelas dalam dirinya. Arrogansi dan mulut besar yang selalu menjadi cirinya telah menghilang. Sebagai gantinya, dia menjadi tenang dan damai, dan tidak lagi membuat lelucon. Teman-teman sekelasnya terkejut dengan transformasi mendadak ini dan mulai bertanya-tanya apa yang telah terjadi padanya. Suasana di sekitarnya terasa suram, dan ketakutan akan penyerang misterius melayang seperti bayangan gelap di atasnya.

Namun, meskipun sikap barunya, tidak ada yang bisa mengabaikan cara dia mengawasi Lancar secara diam-diam. Tatapannya tajam, hampir mencurigakan, dan sepertinya dia menduga siapa yang berada di balik 'kecelakaan' mendadak itu. Dugaan itu semakin diperkuat oleh fakta bahwa Vander Sloot mendengar bahwa Lancar adalah anggota dari Vishnuh-Genootschap. Organisasi yang dikenal dengan nilai-nilai keadilan dan perlindungan bagi anggotanya itu adalah kekuatan yang harus diperhitungkan. Sambil merenungkan konsekuensi dari tindakannya, Vander Sloot tidak bisa tidak bertanya-tanya apakah perilaku nekatnya sebelumnya akhirnya telah menghantuinya. Ayahnya, sang komisaris, telah terikat tangan dan tidak bisa melakukan apa-apa. Tidak ada bukti bahwa Lancar terlibat, dan ketakutan akan konsekuensi dari organisasi jika seorang anggota diperlakukan tidak adil membuat semua orang tetap diam.

Ketegangan di sekolah sangat terasa. Lancar merasakan perubahan di udara, ketegangan antara dirinya dan Vander Sloot. Dia tahu bahwa dia tidak bertindak sendiri, tetapi tindakannya memiliki makna yang lebih luas. Pertarungan untuk keadilan tidak hanya mengubah hidupnya, tetapi juga hidup Vander Sloot, yang sekarang dihadapkan pada konsekuensi dari kesombongan sendiri.

Komunitas sekolah, yang sebelumnya terpecah antara pendukung Vander Sloot dan penentangnya, mulai menyadari bahwa pertempuran yang sebenarnya bukan hanya antara individu, tetapi juga antara nilai-nilai dan keyakinan. Lancar merasakan tanggung jawab menekan di pundaknya; dia tidak hanya telah memperjuangkan perjuangannya sendiri, tetapi juga perjuangan banyak orang lain yang berada dalam situasi serupa. Seiring berjalannya waktu, ketegangan semakin meningkat, dan pertanyaan yang mengganggu semua orang adalah: apa yang akan terjadi selanjutnya?

Memar di tubuh Vander Sloot seperti peta dari kelakuan buruknya sendiri, setiap tanda merupakan pengingat dari konfrontasi yang telah dia picu. Ketika dia mengangkat lengannya untuk melihat diri di cermin, dia melihat berbagai nuansa biru yang merusak kulitnya. Sulit baginya untuk menyangkal bahwa dia bertanggung jawab atas memar ini. Meskipun dia mungkin berusaha menyalahkannya pada kecelakaan kebetulan atau lingkungan kasar yang dia hadapi, dia tahu di dalam hati bahwa kebenarannya jauh lebih menyakitkan.

Memar-memar ini adalah manifestasi fisik dari perilakunya sendiri, pengingat konstan tentang kerusakan yang dia timbulkan melalui penganiayaannya, tidak hanya kepada orang lain, tetapi juga kepada dirinya sendiri. Begitulah Vander Sloot berdiri di sana, dikelilingi oleh memar-memarnya, terjebak antara penyesalan dan keinginan, antara dorongan untuk berubah dan ketakutan akan yang tidak diketahui. Seberapa lama dia akan tetap terjebak dalam siklus kekerasan dan pamer kekuasaan ini sebelum akhirnya dia menemukan keberanian untuk mengambil jalan lain?

Suasana antara Lancar dan Vander Sloot tegang dan penuh muatan. Meskipun tidak ada konfrontasi terbuka, ada arus bawah persaingan dan ketidakpercayaan yang terasa di antara mereka. Lancar tahu bahwa Vander Sloot menganggapnya bertanggung jawab atas rahang yang patah. Meskipun Lancar tidak menyesali tindakannya, dia menyadari bahwa sekarang dia harus waspada. Insiden antara mereka tidak hanya mengubah Vander Sloot, tetapi juga cara teman-teman sekelasnya memandangnya.

Sebelumnya, dia dikenal sebagai anak pendiam yang lebih suka menjauh, tetapi sekarang orang-orang mulai melihatnya secara berbeda. Tindakannya yang penuh keberanian dan tekad telah meninggalkan kesan, bahkan jika dia tidak banyak berbicara dengan orang lain di sekolah. Perubahan dalam persepsi ini membuat Lancar semakin sadar akan identitasnya sendiri dan dampak yang dia miliki terhadap lingkungannya. Dia menghargai kesendiriannya dan tidak terlalu membutuhkan percakapan yang dangkal. Sebaliknya, dia berpegang pada pendapatnya yang kuat, terutama terkait dengan kebenciannya terhadap agama dan gagasan tentang kasih karunia dalam gereja.

Dia menganggap orang-orang beriman sebagai orang jahat yang bersembunyi di balik aturan pengakuan dan kasih karunia, tanpa memedulikan kerusakan yang mereka timbulkan pada orang lain. Keyakinan ini memberinya rasa superioritas, cara untuk membenarkan ketidakpuasannya sendiri.

Meskipun beberapa orang menganggap pandangan Lancar kontroversial, yang lain menghormati haknya untuk memiliki pemikiran dan keyakinan sendiri. Keteguhan dan kejujurannya bahkan menarik beberapa teman sekelas, yang melihatnya sebagai simbol otentisitas di tengah dunia yang penuh dengan kedangkalan dan hipokrisi.

Meskipun Lancar mungkin tidak menikmati popularitas tradisional, ia mendapatkan sesuatu yang jauh lebih berharga: rasa hormat dan kekaguman dari mereka yang memiliki keberanian untuk melihat di balik penampilan tenangnya. Mereka melihat dalam dirinya tidak hanya seorang anak laki-laki yang setia pada dirinya sendiri, tetapi juga seseorang yang tidak terpengaruh oleh harapan orang lain. Kata-kata dan tindakannya, betapapun sederhana, memiliki kedalaman yang menginspirasi mereka untuk mengejar kebenaran mereka sendiri.

Sementara dinamika antara dirinya dan Vander Sloot tetap tegang, keduanya tahu di dalam hati bahwa telah terjalin bentuk saling menghormati, betapapun tidak mungkinnya hal itu. Vander Sloot, dengan rahang yang patah dan kesadaran bahwa perilakunya sebelumnya tidak tanpa konsekuensi, mulai memahami kompleksitas hubungan mereka. Lancar, pada gilirannya, merasakan ikatan yang tidak dapat dijelaskan dengan Vander Sloot, seseorang yang telah menantangnya dengan cara yang belum pernah ia alami sebelumnya.

Ikatan yang tidak terduga ini akan membentuk mereka berdua, sementara mereka melanjutkan perjuangan pribadi masing-masing, dan mengingatkan mereka bahwa bahkan di dunia yang sering tampak berputar di sekitar kekuasaan dan dominasi, selalu ada ruang untuk pertumbuhan dan perubahan. Sekolah menjadi arena konflik dan wawasan, di mana tidak ada yang pernah sepenuhnya benar atau salah, tetapi di mana setiap orang belajar dan berkembang dengan cara mereka sendiri.

Dan dengan demikian mereka melanjutkan, masing-masing di jalur mereka sendiri, dengan kesadaran bahwa kekuatan sejati tidak hanya berasal dari keunggulan fisik, tetapi juga dari kemampuan untuk belajar dari rasa sakit dan pelajaran yang diberikan oleh kehidupan kepada mereka.

Dia jatuh cinta pada seorang anak laki-laki yang tidak membalas cintanya.

Waktu berlalu, dan ketika Lancar berada di kelas empat Mulo, tantangan baru muncul. Ada seorang gadis Hindia, bernama Sita, di kelasnya yang selalu mengganggunya, sementara dia bahkan tidak memperhatikannya.

Setiap kali dia melewati Lancar bersama beberapa gadis, dia menarik kerahnya dan tertawa, lalu melanjutkan. Lancar mengabaikan godaan-godaannya dan tetap fokus pada urusannya sendiri, sehingga upaya Sita untuk menarik perhatiannya tampak sia-sia.

Gangguan gadis itu menyebabkan perasaan bingung dan frustrasi pada Lancar. Dia tidak mengerti mengapa dia mengganggunya, mengingat dia tidak pernah berbuat jahat padanya atau bahkan berbicara dengannya. Rasanya seperti serangan yang tidak bisa dijelaskan terhadap ketenangan dan kepercayaan dirinya. Pengalaman ini membawanya ke dalam perjuangan batin, di mana ia berjuang dengan perasaan ketidakadilan dan ketidakberdayaan terhadap gangguan yang dilakukan oleh seorang gadis.

Jika itu adalah seorang anak laki-laki, dia mungkin akan menangani situasi seperti itu dengan cara yang berbeda dengan menggunakan kekerasan fisik, tetapi gagasan untuk menghadapi seorang gadis adalah hal baru dan tidak nyaman bagi Lancar.

Di dalam Vishnuh-Genootschap, gadis-gadis didorong untuk bersikap sopan, tidak mencari pertikaian, dan tidak menggoda anak laki-laki, sementara anak laki-laki diharapkan untuk menghormati gadis-gadis.

Gagasan bahwa seorang gadis mengganggunya bertentangan dengan norma dan nilai yang telah diajarkan kepadanya, membuat Lancar merasa semakin tersesat dalam situasi ini. Dia bingung tentang bagaimana harus bereaksi tanpa melanggar prinsip-prinsip keyakinan dan pendidikannya. Meskipun Lancar berusaha untuk mengabaikan gangguan dan tetap di atasnya, mereka mulai mengambil tol secara perlahan. Dia merasa tidak berdaya terhadap penghinaan yang terus-menerus dan tidak tahu bagaimana menghadapinya. Terkadang, dia bahkan merasa terisolasi dan sendirian, tidak dapat berbagi situasinya dengan orang lain karena takut akan lebih banyak ejekan.

Namun Lancar tetap bertekad untuk tidak menyerah pada gangguan itu. Dia memegang pada kekuatan batinnya dan tekad, dan terus percaya bahwa pada akhirnya dia akan melewati masa sulit ini.

Dengan setiap hari yang berlalu, tekadnya untuk tetap setia pada diri sendiri dan berdiri untuk siapa dirinya tumbuh, terlepas dari tantangan menyakitkan yang dihadapi kehidupannya di sekolah. Lancar mengambil kekuatan dari keyakinannya dan tetap teguh pada nilai-nilainya, menyadari bahwa kekuatan batinnya akan membantunya melewati ujian ini.

Namun, seiring berjalannya waktu, semuanya menjadi terlalu berat baginya. Gangguan terus-menerus dari gadis itu harus dihentikan. Lancar merasa perlu untuk campur tangan dan mengakhiri perilaku tidak dapat diterima terhadap dirinya.

Pada suatu sore setelah sekolah, Sita bertemu Lancar dan sepertinya ingin menggangunya lagi. Tepat saat dia berbalik untuk menarik kerahnya, Lancar dengan cepat menangkap tangannya dan memberi pukulan keras dengan tongkat yang dibawanya, tepat pada tangannya.

Gadis itu jelas tidak mengharapkan Lancar bereaksi secepat itu. Terkejut dan bingung, dia mundur, melindungi tangannya yang sakit di belakang punggungnya, sambil berjalan pergi dengan menangis. Sangat menyedihkan melihatnya berjalan sambil menangis, tetapi Lancar merasa bahwa dia harus menghadapi tindakan sendiri dan melihat konsekuensinya. Dia telah melanggar batas tanpa diminta dan sekarang menghadapi akibatnya.

Lancar merenungkan sejenak, napasnya berat karena adrenalin yang mengalir di dalam tubuhnya. Dia tidak menyangka akan bereaksi begitu cepat dan begitu kuat. Namun, pada saat yang sama, dia juga merasakan rasa pembebasan, seolah-olah dia akhirnya berdiri untuk dirinya sendiri dan membela diri dari pelecehan gadis itu yang telah dia hadapi selama ini.

Sementara Lancar berdiri dan melihat gadis itu cepat-cepat menghilang dari pandangan, dia teringat akan kata-kata neneknya. Dia selalu mengatakan bahwa kita boleh menggunakan tinju terhadap seorang anak laki-laki, tetapi untuk gadis yang mengganggu, lebih baik menggunakan tongkat. Nasihat ini selalu meninggalkan kesan mendalam padanya.

Itu bukan hanya pelajaran dalam konfrontasi fisik, tetapi juga pelajaran hidup yang berharga tentang menghormati dan melindungi yang lebih lemah. Dia tidak bisa tidak berpikir tentang bagaimana kata-kata ini membantunya memahami batas antara baik dan buruk. Ide bahwa kekerasan tidak selalu menjadi solusi, tetapi ada cara lain untuk membela diri dan orang lain, terngiang di pikirannya.

Saat dia merenungkan pilihan dan tindakannya, dia merasakan campuran antara kebanggaan dan penyesalan. Bangga akan keberaniannya untuk membela diri, tetapi menyesal bahwa terkadang dia harus melangkah sejauh itu untuk menyampaikan pesan tersebut. Dia menyadari bahwa dunia tidak selalu adil, dan tidak semua orang telah mempelajari pelajaran yang diajarkan neneknya.

Lancar tahu bahwa dia harus menggunakan kekuatannya untuk melindungi orang lain, terutama mereka yang tidak bisa membela diri. Gadis yang baru saja pergi itu mengingatkannya akan tanggung jawab itu. Dia memutuskan bahwa, terlepas dari apa yang akan terjadi, dia akan selalu berdiri untuk apa yang benar, bukan hanya untuk dirinya sendiri, tetapi juga untuk orang lain yang membutuhkannya.

Dengan tekad baru, dia memandang ke arah tempat gadis itu menghilang, bertekad untuk memastikan bahwa dunia akan sedikit lebih aman untuk semua orang.

Meskipun dia tidak bangga bahwa dia telah mengajarkan Sita pelajaran yang menyakitkan, dia merasakan kepuasan tertentu. Seolah-olah dia akhirnya telah menetapkan batas, tidak hanya untuk dirinya sendiri, tetapi juga untuk orang lain yang mungkin telah mengalami hal yang sama dan tidak berani membela diri. Neneknya selalu menekankan bahwa gadis dan anak laki-laki memiliki hak yang sama.

"Hindari kekerasan jika memungkinkan," katanya, "tetapi jika seseorang menyerangmu dengan sengaja, kamu punya hak untuk membela diri. Memukul adalah tanda penghinaan; kamu tidak boleh memulai, tetapi jika seorang anak laki-laki atau pria memukul atau mencoba memukulmu, maka kamu boleh memukulnya kembali. Itu juga berlaku untuk gadis-gadis."

Pelajaran-pelajaran itu menjadi dasar baginya untuk menghormati dan kesetaraan. Dia tahu bahwa penting untuk belajar dari kesalahan orang lain dan menemukan kekuatan untuk membela diri dan orang lain. Ini bukan hanya kemenangan pribadi, tetapi juga pesan bahwa setiap orang, tanpa memandang jenis kelamin, berhak untuk merasa aman dan membela diri dari kekerasan. Dengan tekad baru ini, dia merasa lebih kuat. Dia siap untuk membela yang lemah, menyebarkan pesan tentang penghormatan, dan melawan ketidakadilan, bahkan jika itu berarti dia harus melampaui batas-batasnya sendiri. Kata-kata neneknya menjadi panduannya, dan dia tahu bahwa dia tidak hanya berjuang untuk dirinya sendiri, tetapi juga untuk orang lain.

Setelah insiden ini, Lancar menyadari bahwa gadis itu tidak lagi mengganggunya. Mungkin dia akhirnya mengerti bahwa pelecehannya tidak lagi ditoleransi. Bagi Lancar, ini berarti perasaan pemberdayaan dan harga diri yang baru, mengetahui bahwa dia memiliki kekuatan untuk membela diri dan melindungi batasan-batasannya.

Satu minggu kemudian, Lancar dipanggil ke kantor kepala sekolah. Di dalam ruangan kepala sekolah berdiri Sita, gadis yang telah dia pukul dengan tongkat, dan di sampingnya ada ayahnya, yang menatapnya dengan ramah.

Atmosfer di ruangan itu tegang. Lancar melihat dari kepala sekolah ke Sita dan ayahnya, merasakan campuran antara kegugupan dan ketegasan. Keheningan itu hampir dapat dirasakan, dan dia tahu bahwa konfrontasi ini penting.

Kepala sekolah berbicara dengan nada serius: "Tuan Lancar, Sita mengklaim bahwa Anda telah memberikan pukulan keras pada tangannya beberapa minggu yang lalu, sehingga dia harus dirawat di rumah sakit. Dapatkah Anda menjelaskan kepada ayah Sita dan saya mengapa Anda memukul Sita?"

Lancar meluruskan punggungnya dan berbicara kepada kepala sekolah dan ayah Sita. Dia mulai, "Selama lebih dari enam bulan, saya terus-menerus diganggu oleh Sita. Dia menarik kerah saya, melemparkan kertas ke arah saya, dan mengambil pensil saya tanpa izin dari meja saya. Selama semua waktu itu, saya tidak mengatakan apa-apa, karena saya tidak ingin berkelahi." Suaranya sedikit bergetar, tetapi dia merasa perlu menjelaskan ini.

Ketegangan di ruangan meningkat saat dia melanjutkan: "Tapi pada hari itu, saya sudah cukup. Dalam sebuah refleks, saya memberi dia pukulan dengan tongkat saya. Saya tidak menyesali tindakan saya. Sita seharusnya tidak menyentuh saya," dia mengakhiri dengan tegas.

Jantungnya berdegup kencang di dadanya, tetapi dia merasa bahwa dia sedang berbicara kebenaran.

Kepala sekolah mendengarkan cerita Lancar dengan seksama dan mengangguk memahami. "Penting untuk mengekspresikan perasaan kita tanpa kekerasan," dia mencatat, sambil berbalik ke Sita dan ayahnya. "Sekarang mari kita dengarkan versi cerita kalian."

Sita, yang terlihat cemas dan dengan tatapan malu, berkata: "Saya tahu bahwa saya menggodanya, dan saya minta maaf. Itu tidak pernah menjadi niat saya untuk menyakitinya secara mental. Saya pikir itu hanya lelucon." Ayahnya mengangguk setuju, sambil meletakkan tangan di bahunya, seolah memberikan semangat padanya.

Kepala sekolah menyatukan tangannya dan melihat kedua remaja itu. "Bagus bahwa kita membahas masalah ini. Mari kita semua belajar dari pengalaman ini dan memastikan bahwa kita berinteraksi dengan cara yang saling menghormati."

Setelah percakapan antara semua pihak, kepala sekolah memutuskan untuk menangani kasus ini sebagai kasus penggangguan timbal balik, di mana Sita harus menerima konsekuensi dari perilaku penggangguannya dan tidak dapat menuntut ganti rugi karena lukanya. Dia menekankan pentingnya rasa hormat dan toleransi di antara siswa dan mendorong keduanya untuk berperilaku lebih damai satu sama lain di masa depan.

Percakapan itu diakhiri dengan kesepakatan dan pernyataan Sita untuk memperbaiki perilakunya. Meskipun situasi itu sulit, Lancar merasa lega bahwa ceritanya telah didengar dan diakui.

Dia sungguh-sungguh berharap Sita belajar dari insiden ini dan tidak lagi terlibat dalam penggangguan atau perilaku tidak pantas terhadap siswa lain.

Keesokan harinya, Sita tidak datang ke sekolah, dan juga tidak pada hari-hari berikutnya. Ketidakhadirannya memicu rasa ingin tahu di antara teman-teman sekelas dan para guru. Tak lama kemudian, terungkap bahwa dia telah dikeluarkan dari sekolah oleh orang tuanya.

Ternyata, ayah Sita memuji Lancar sebagai anak yang baik, serius, dan tidak terpengaruh oleh cinta. Sita mengungkapkan bahwa dia jatuh cinta pada Lancar dan menggodanya untuk menarik perhatiannya. Namun, tidak sulit untuk memahami mengapa orang tua Sita bertindak demikian.

Cinta Sita kepada Lancar memiliki nuansa terlarang, karena Lancar bukan pilihan yang tepat menurut orang tua Hindoestanya. Ayahnya ingin, kemungkinan besar karena alasan budaya atau sosial, mencegah percikan cinta antara Lancar dan Sita dengan segala cara.

Hubungan antara gadis Hindoestan dan 'setengah darah negro-Jawa' dianggap sepenuhnya tidak pantas dan tidak dapat diterima dalam norma sosial komunitasnya. Larangan pernikahan antara Hindoestanis dan non-Hindoestanis, yang sering disebut 'kafri', memang merupakan sumber diskriminasi di beberapa bagian komunitas Suriname.

Praktik ini berasal dari pandangan tradisional, diskriminasi rasial, dan keyakinan religius, khususnya dalam komunitas Hindu tertentu di mana pelestarian tradisi religius dan budaya dianggap sangat penting.

Namun, diskriminasi berdasarkan agama atau asal usul bertentangan dengan hak asasi manusia yang mendasar dan menghalangi kohesi sosial serta inklusivitas dalam suatu masyarakat.

Hal ini dapat menyebabkan perpecahan dan segregasi, serta menghambat kemampuan individu untuk membuat pilihan bebas dan mengembangkan hubungan pribadi berdasarkan cinta dan rasa hormat, tanpa memandang agama atau asal usul.

Namun, Lancar tidak berencana untuk menikahi seorang yang beragama, bukan karena dia mendiskriminasi, tetapi karena kenyataan bahwa Vishnuh-Genootschap yang tidak beragama tempatnya berada tidak menerima orang beragama dalam ordonya, tanpa memandang ras atau asal usul, dengan tujuan menghindari kejahatan yang sering menyertai keyakinan kepada satu atau beberapa kekuatan yang lebih tinggi.

Aspek dari keputusan Lancar ini memberikan cahaya menarik pada kompleksitas keyakinan religius dan spiritual dalam berbagai komunitas. Pilihannya dapat dilihat sebagai kebebasan individunya dan sebagai ungkapan komitmen serta usaha untuk menjaga kemurnian dan mempertahankannya dalam ordenya.

Sayangnya, Sita, sejak insiden dengan tongkat itu, dipaksa untuk tetap di rumah, terputus dari teman-temannya dan sekolah. Sebulan kemudian, dia menikah dengan seorang pria Hindoestan yang berusia tiga puluh tahun lebih tua dari Sita yang berusia enam belas tahun. Itu adalah akhir yang pahit manis dari sebuah cerita yang ditandai dengan kesalahpahaman, prasangka, dan kerasnya tekanan sosial serta tradisi.

Bagi Lancar, pengungkapan bahwa interaksinya dengan Sita memiliki konsekuensi yang begitu jauh adalah pengalaman yang mengejutkan. Itu membuka matanya terhadap prasangka dan batasan yang mendalam yang dihadapi orang-orang dalam masyarakat.

Dia merasakan penyesalan yang dalam, meskipun dia tidak menganggap dirinya bersalah atas peran yang tidak disadari yang dia mainkan dalam drama yang mempengaruhi kehidupan Sita. Dia mengakui bahwa itu adalah pilihan dan tindakan Sita sendiri yang telah mengantarkannya ke titik ini, tetapi dia tetap merasakan simpati terhadap situasinya. Lancar terus memikirkan Sita setelah berita tentang pernikahan paksa yang dia alami.

Dia berharap ada seseorang dari keluarganya yang bisa melindunginya dari harapan yang mengekang dari orang tuanya dan komunitas religius.

Namun, Lancar tidak merasa terdorong untuk membantu Sita melarikan diri dari batasan budaya yang ada. Gagasan untuk berjuang demi keadilan dan kesetaraan bagi seorang beriman tidak terlintas dalam pikirannya.

Dia lebih berpikir bahwa orang Hindu memiliki banyak dewa, dan mungkin jika Sita berdoa lebih keras kepada salah satu dari mereka, dia bisa diselamatkan dari situasi malangnya dan kembali ke sekolah untuk mendapatkan ijazah.

Dalam cerita itu, Lancar sampai pada kesadaran yang menyakitkan: bahkan dalam mitologi dan sistem kepercayaan yang kaya, tampaknya tidak ada dewa Hindu yang adil yang bisa membela Sita dari ketidakadilan yang dialaminya.

Wawasan ini membawanya pada kesimpulan bahwa iman sering kali merupakan ilusi, sebuah konstruksi yang membutakan orang dari realitas pahit kehidupan, menindas dan mempertahankan mereka dalam kebodohan.

Gagasan bahwa seharusnya ada dewa yang mahakuasa yang memberikan keadilan dan perlindungan kepada mereka yang menderita bertentangan dengan kenyataan ketidakadilan yang dilihat Lancar di sekitarnya. Iman tidak memberikan jawaban atas pertanyaan yang lebih dalam tentang kehidupan.

Bagi Lancar, menjadi jelas bahwa keadilan sejati tidak dapat ditemukan dalam janji dewa-dewa dan kitab suci yang disebut suci, tetapi lebih kepada tekad individu untuk melawan penindasan dan ketidakadilan.

Dia menyadari bahwa adalah tanggung jawab umat manusia sendiri untuk berjuang demi dunia yang lebih adil, bebas dari batasan dogma dan ilusi.

Dalam cerita itu, Lancar melihat ketetapan hatinya yang baru sebagai titik balik, momen di mana dia memutuskan untuk mengubah perasaannya menjadi tindakan. Dia merasakan panggilan batin yang dalam untuk membela keadilan dan kesetaraan, untuk berjuang demi perubahan di dunia yang sering kali didominasi oleh kepercayaan buta dan penindasan.

Ketika dia merenungkan ketidakadilan yang dialami Sita, Lancar menyadari bahwa meskipun dia tidak dapat mengubah masa lalu, dia dapat memainkan peran dalam membentuk masa depan.

Dia merasakan dorongan yang kuat untuk melindungi orang lain di luar komunitasnya dari penderitaan serupa dan untuk mematahkan belenggu dogma dan takhayul. Keyakinan Lancar sangat mendalam dalam keinginannya akan kebenaran dan keadilan.

Dia percaya dengan penuh keyakinan bahwa orang harus dibebaskan dari belenggu penindasan religius dan penipuan. Dia melihat itu sebagai misinya untuk menyebarkan pesan bahwa pemikiran bebas dan rasionalitas adalah jalan menuju pembebasan dan kemajuan sejati.

Adalah tekad ini yang mendorong Lancar untuk mengungkapkan suaranya, untuk berdiri untuk apa yang benar, dan untuk berjuang demi dunia di mana setiap individu memiliki kebebasan untuk memilih jalannya sendiri, bebas dari dogma dan batasan.

Begitulah, Lancar memulai perjalanan penemuan diri dan aktivisme. Dia menerima misi untuk mempromosikan toleransi, pemahaman, dan kesetaraan, sambil tegas menjauh dari dogma religius. Dengan kata-kata dan tindakan yang kuat, dia berbicara menentang prasangka dan penindasan, dan dia menjadi sumber inspirasi bagi orang lain untuk melakukan hal yang sama. Ketetapan dan hasratnya menjadi kekuatan pendorong di balik komitmennya untuk masyarakat yang lebih adil dan inklusif. Lancar tidak dapat mengubah masa lalu, tetapi dia dapat membangun masa depan yang lebih baik untuk dirinya sendiri dan orang lain.

Dan itu, dia menyadari, adalah makna sejati dari keberanian, ketekunan, dan ketahanan.

Terlepas dari nasib yang menimpa Sita, Lancar tidak pernah memiliki niat untuk berbagi hidup dengan seorang wanita religius. Dia dihadapkan pada kenyataan keras dari sifat manusia dan sistem kepercayaan. Lancar memahami bahwa terlepas dari keyakinan agama, orang-orang yang beriman pada akhirnya memiliki sisi gelap, dan bahwa aspek gelap ini akan muncul ke permukaan pada suatu saat.

Dia menyadari bahwa mengandalkan panduan di mana intrik, penindasan, perbudakan, genosida, dan berbagai pelanggaran hak asasi manusia dibenarkan juga menciptakan sisi gelap dalam karakter manusia.

Bagi Lancar, ini adalah masalah 'apa yang diajarkan muda, dilakukan tua, dan siapa yang bergaul dengan pekat akan terkontaminasi', di mana dia yakin bahwa pengalaman dan pengaruh yang diperoleh di masa muda dapat menentukan arah individu seumur hidup.

Dalam konteks nasib Sita, Lancar percaya bahwa dugaan inkarnasi kejahatannya akan segera terungkap, terlepas dari keyakinan agamanya. Dia melihat ini sebagai hasil yang menyedihkan tetapi tak terhindarkan dari sifat manusia dan pengaruh masyarakat.

Bagi Lancar, sangat penting untuk mematahkan ilusi kepercayaan dan menghadapi kenyataan, betapa pun menyakitkannya hal itu. Keyakinan ini memperkuat tekadnya untuk memperjuangkan keadilan dan kesetaraan, serta melawan ketidakadilan, terlepas dari rintangan yang dia hadapi di sepanjang jalan.

Dia percaya bahwa umat manusia hanya dapat maju dengan menerima kebenaran dan secara kolektif berusaha untuk menciptakan dunia yang lebih baik, bebas dari batasan dogma dan agama.

Di dalam Vishnuh-Society, orang-orang yang berpegang pada dogma agama dan kepercayaan takhayul tidak disambut. Sebaliknya, penekanan diberikan pada pembebasan pikiran dari kepercayaan yang membatasi dan merangkul cinta terhadap alam dan kehidupan dalam segala bentuknya. Bagi Lancar dan rekan-rekannya, Vishnuh-Society adalah tempat pencerahan, di mana orang-orang berkumpul untuk bebas dari belenggu dogmatisme dan paksaan religius.

Dengan merangkul cinta terhadap alam dan kehidupan, mereka dapat mengalami hubungan yang lebih dalam dengan dunia di sekitar mereka dan berusaha menuju masyarakat harmonis yang didasarkan pada kebebasan, keadilan, dan penghormatan terhadap semua makhluk hidup.

Vishnuh-Society menawarkan alternatif bagi institusi religius tradisional, dengan menekankan pentingnya kebebasan individu dan pertumbuhan spiritual. Bagi Lancar dan orang-orang seperti dia, keanggotaan dalam komunitas ini adalah kesempatan untuk menjalani hidup sesuai dengan keyakinan terdalam mereka, bebas dari batasan dogma religius.

Pandangan Lancar sangat jelas: dia mengikuti jejak nenek moyangnya. Komunitas ini hanya menyambut mereka yang sejalan, dan mereka yang mengakui kepercayaan agama tidak memiliki tempat dalam visinya tentang masyarakat yang dipenuhi dengan perdamaian, harmoni, dan kebebasan dari dogma agama. Bagi dia, sangat penting bahwa Vishnuh-Society tetap menjadi tempat perlindungan bagi mereka yang berkomitmen pada toleransi, pengertian, dan kesetaraan, tanpa batasan dan perpecahan yang sering dibawa oleh kepercayaan religius.

Ujian Akhir

Setelah bertahun-tahun bekerja keras dan berdedikasi, akhirnya saatnya untuk ujian akhir Mulo. Lancar berada di momen krusial dalam hidupnya, penuh ketegangan dan harapan. Dengan tekad dan ketekunan, dia telah berjuang melalui tahun-tahun sulit di Mulo, dan sekarang saatnya telah tiba.

Dengan pikiran yang tajam dan pemahaman mendalam tentang berbagai mata pelajaran, Lancar lulus ujian akhir dengan pujian. Prestasinya adalah pengakuan atas kerja kerasnya dan usahanya untuk mencapai keunggulan. Dia tidak hanya memenuhi syarat Mulo, tetapi juga menonjol dengan prestasi luar biasa.

Namun, bagi Lancar, meraih gelar cum laude hanyalah awal perjalanannya. Dia bercita-cita untuk menguasai banyak hal, membangun basis pengetahuan yang luas yang akan memungkinkannya untuk berspesialisasi di bidang yang benar-benar dia sukai. Pihak sekolah telah menetapkan bahwa tingkat Lancar jauh di atas Mulo (Sekolah Menengah Pertama yang Lebih Luas). Untuk menentukan pendidikan lanjutan yang paling cocok untuknya, berbagai mata pelajaran yang relevan dengan pendidikan tinggi telah diuji.

Ini dapat membantu dalam mengidentifikasi kekuatan dan minatnya, serta menemukan jalur pendidikan lanjutan yang sesuai di perguruan tinggi. Hasilnya sangat mengejutkan.

Dia melanjutkan ke W.O. (pendidikan ilmiah). Ujian sekolah menunjukkan bahwa dia siap untuk pendidikan universitas dan tidak perlu ke perguruan tinggi atau lyceum.

Dampak Profesor G. Van Praag terhadap pendidikan Lancar sangat luar biasa.

Sejak usia muda, ketika dia baru berusia tujuh tahun, Profesor Van Praag mulai mengajarinya dalam berbagai subjek untuk pengembangan umum, termasuk Latin, sejarah dunia, bahasa Belanda, bahasa Inggris, fisika kuantum, matematika, fisika, geologi, biologi, filsafat, kimia, dan banyak mata pelajaran lainnya di tingkat tinggi.

Pelajaran ini tidak hanya bersifat akademis, tetapi juga membentuk inti dari perkembangan intelektual dan pribadi Lancar.

Melalui paparan awal dan mendalam terhadap subjek yang kompleks ini, Lancar dapat mengembangkan pemahaman mendalam tentang berbagai disiplin ilmu sejak usia muda. Dia ditantang untuk merenungkan konsep-konsep abstrak, memecahkan masalah kompleks, dan berpikir kritis tentang berbagai topik. Rasa ingin tahu intelektual Lancar terbangkitkan dan semangat belajarnya didorong oleh pelajaran inspiratif dari Profesor Van Praag.

Oleh karena itu, tidak mengherankan jika keterampilan akademis Lancar sudah menonjol pada usia muda. Pada saat dia mencapai kelas 7 sekolah dasar, Lancar telah mencapai tingkat yang setara dengan siswa kelas 4 gymnasium.

Prestasi ini tidak hanya menunjukkan kemampuan intelektual luar biasa Lancar, tetapi juga efektivitas pendidikan yang dia terima di bawah bimbingan Profesor Van Praag.

Pengaruh paparan awal terhadap pendidikan lanjutan ini akan terus membimbing Lancar sepanjang perjalanan akademisnya, dan akan memainkan peran penting dalam membentuk ambisi dan prestasi masa depannya. Dia bertekad untuk mengikuti hasratnya dan mengejar impiannya, terlepas dari rintangan yang akan dihadapinya.

Dengan ujian akhir di belakangnya dan dunia penuh kemungkinan di depannya, Lancar siap memasuki fase berikutnya dalam hidupnya. Dia menyambut masa depan dengan tangan terbuka, penuh percaya diri akan kemampuannya dan tekad untuk mencapai tujuannya.

Dengan tekad dan kepercayaan, Lancar menghadapi dunia, disertai dengan pengetahuan bahwa pelajaran yang diajarkan oleh Gerrit Van Praag telah mempersiapkannya untuk segala hal yang akan datang.

Pelajaran ini tidak hanya memberinya dasar pengetahuan yang luas, tetapi juga mengasah cara berpikir analitisnya, meningkatkan keterampilan pemecahan masalahnya, dan membangkitkan rasa ingin tahunya yang intelektual. Dengan setiap tantangan yang akan dia hadapi, Lancar dapat mengandalkan wawasan dan keterampilan berharga yang telah dia peroleh selama waktunya bersama Profesor Van Praag. Dia sadar akan kemampuannya dan siap untuk mengambil tempatnya di dunia, mengetahui bahwa dia mampu berkontribusi terhadap perubahan positif dan kemajuan, terlepas dari keadaan yang akan dihadapi.

Dengan rasa tekad dan rasa syukur yang mendalam terhadap gurunya, Lancar siap untuk melanjutkan perjalanan hidupnya dan menghadapi tantangan dunia. Pada usia 18 tahun, Lancar menghadapi periode krusial dalam hidupnya ketika tiba-tiba dia dihadapkan pada kehilangan neneknya. Kehilangan ini membawa gelombang tanggung jawab yang belum pernah dia alami sebelumnya, tidak hanya dalam keluarga langsungnya, tetapi juga dalam komunitas yang lebih luas di mana dia berada.

Lancar sudah menghadapi kehilangan sejak usia muda ketika kakeknya meninggal dunia saat dia baru berusia 7 tahun. Pengalaman awal ini telah mengajarinya untuk menjadi tangguh dan mengatasi kesulitan dan kesedihan.

Dengan kehilangan neneknya, Lancar dihadapkan pada kenyataan menjadi dewasa dengan cara yang jauh lebih dalam daripada yang pernah dia harapkan. Dia tidak hanya harus menghadapi proses berduka untuk dirinya sendiri, tetapi juga mengambil peran mendukung dalam keluarga dan komunitasnya.

Pengalaman-pengalaman ini membentuknya dengan cara yang unik, memberinya pemahaman yang lebih dalam tentang nilai ikatan keluarga, ketahanan, dan pentingnya dukungan komunitas di masa-masa sulit. Setelah meninggalnya kakek tercintanya, overste Bhupathi 'Ida-Bagus' Syang, dia menerima warisan yang tak ternilai berupa wasiyat dari Yang Terhormat P. Bandjar-Pandé, wakil abt komunitas tersebut. Wasiyat ini, sebuah surat wasiat yang terdiri dari lontar, mencakup ajaran kaya tradisi, termasuk larangan dan perintah yang diturunkan dari generasi ke generasi. Dokumen ini tidak hanya menghubungkan Roberto dengan warisan kakeknya, tetapi juga berfungsi sebagai kompas untuk pengembangan spiritual dan pribadi. Selain itu, wasiyat ini juga menunjukkan warisannya: sebidang tanah seluas 2000 hektar di mana Vishnuh-Genootschap berdiri.

Warisan ini tidak hanya melambangkan kekayaan material, tetapi juga tanggung jawab spiritual Roberto untuk mempertahankan dan melindungi tanah suci ini sebagai tempat perlindungan bagi komunitas. Dengan warisan ini dalam ingatan, Roberto bertekad untuk mengambil perannya sebagai pelindung dan penjaga Vishnuh-Genootschap, dipandu oleh kebijaksanaan kuno nenek moyangnya.

Sebagai pewaris muda dari kebijaksanaan dan wilayah kuno ini, Roberto dibesarkan dengan rasa hormat yang dalam terhadap tradisi komunitasnya dan kebijaksanaan nenek moyangnya. Wasiyat berfungsi sebagai kompas kehidupan bagi Roberto, sumber inspirasi dan panduan di masa-masa ketidakpastian.

Meskipun usianya masih muda, dia memahami nilai tersebut dan menganggap wasiat itu sebagai harta berharga. Itu menjadi inti dari identitasnya dan membantunya menemukan jalan di tengah tantangan dan perubahan hidup. Pada Maret 1965, tahun yang sama ketika kakeknya meninggal, Roberto menjalani penunjukan kembali sesuai dengan 'Suwalapatra', sebuah tradisi kuno dari dinasti Ida-Bagus. Sejak saat itu, dia hidup dengan nama Ida-Bagus Lancar, nama pendeta Wasiyatnya. Dengan tekad, Lancar berkomitmen untuk melayani komunitasnya. Dia tergerak oleh kesadaran mendalam akan tanggung jawabnya sebagai pewaris kebijaksanaan kuno dinasti Ida-Bagus. Lancar berusaha untuk mempertahankan dan melindungi prinsip-prinsip dan tradisi Vishnuh-Genootschap. Dengan tekad sebagai panduan, Lancar siap menghadapi tantangan dan berjuang untuk kesejahteraan komunitasnya. Dia dipandu oleh cita-cita keadilan, pertumbuhan spiritual, dan harmoni. Saat itu, dia mulai berlatih intensif di dalam komunitas orang bijak serta anggota dan guru senior dalam Pencak-Silat.

Di sini, dia memperoleh pelajaran berharga tentang tradisi, rasa hormat, dan keterkaitan aspek spiritual dan budaya.

Dengan tekad dan dedikasi, Lancar terjun ke dalam studinya tentang bahasa Jawa dan agama, bertekad untuk mengumpulkan pengetahuan yang diperlukan untuk memimpin dan memperkuat komunitasnya. Jalur yang terbentang di depan Lancar tidak hanya dipenuhi dengan tantangan akademis, tetapi juga dengan pertumbuhan emosional dan spiritual. Dia tahu bahwa dia memiliki tugas besar untuk dijalankan demi komunitasnya, tugas yang melampaui ambisi pribadi. Setiap hari yang berlalu, tekadnya untuk melestarikan dan melindungi warisannya tumbuh, serta untuk menggunakan pengetahuannya demi kesejahteraan semua orang di sekitarnya.

Saat Lancar menyelami lebih dalam studi tentang bahasa Jawa, sejarah dunia, dan agama, dia mulai menyadari bahwa panggilannya tidak hanya terletak pada pemahaman warisan budayanya, tetapi juga pada mewariskannya kepada generasi muda. Dia didorong oleh rasa tanggung jawab yang mendalam untuk menjaga tradisi dan nilai-nilai komunitasnya tetap hidup di tengah dunia yang cepat berubah. Selama pendidikannya, Lancar berinteraksi dengan orang-orang tua dan bijak yang menginspirasinya dengan kebijaksanaan dan pengalaman hidup mereka. Dia mendengarkan cerita-cerita mereka dengan penuh perhatian dan belajar dari pelajaran tentang ketahanan, kebersamaan, dan nilai persatuan dalam komunitas. Interaksi ini memperkaya pemahamannya tentang identitasnya sendiri dan memperkuat tekadnya untuk memiliki dampak positif pada orang-orang di sekitarnya.

Seiring Lancar berkembang, visi masa depannya untuk komunitasnya juga tumbuh. Dia mulai merencanakan proyek dan inisiatif yang bertujuan untuk meningkatkan kondisi hidup sesama warga, mempromosikan pendidikan, dan mendorong pertumbuhan ekonomi. Mimpinya besar, tetapi dia sangat percaya pada kekuatan semangat komunitas dan kerjasama untuk mewujudkannya. Saat Lancar mempersiapkan diri menghadapi tantangan yang ada di depan, dia merasakan rasa syukur yang mendalam atas dukungan dan dorongan dari keluarga dan mentornya. Dia tahu bahwa dia tidak sendirian dalam upayanya untuk perubahan positif dan bahwa usahanya didukung oleh cinta dan dukungan dari orang-orang di sekitarnya.

Di tengah perjuangan batinnya, dia menemukan penghiburan dalam pengetahuan bahwa dia tidak perlu berjuang melawan demonya sendirian. Keluarga dan teman-temannya selalu ada di sisinya, siap untuk mendukungnya, terlepas dari tantangan yang dia hadapi. Cinta tanpa syarat mereka memberinya kekuatan, bahkan di saat-saat tersulit. Dorongan mereka bagaikan mercusuar harapan di malam gelap, pengingat bahwa dia memiliki kekuatan untuk berubah, untuk menjadi versi dirinya yang lebih baik. Setiap kali dia hampir jatuh kembali ke kebiasaan lamanya, dia teringat wajah-wajah orang terkasihnya, mata mereka yang tersenyum yang percaya pada kemampuannya untuk tumbuh dan sembuh. Dan dengan dukungan mereka di belakangnya, dia merasakan tekad yang baru untuk terus berjuang, untuk berjuang demi kehidupan yang bebas dari kekerasan dan self-destruction.

Dia tahu bahwa jalan menuju perubahan tidak akan mudah, tetapi dia bertekad untuk terus berjuang, tidak hanya untuk dirinya sendiri, tetapi juga untuk mereka yang mencintainya. Dan saat dia dikelilingi oleh cinta dan dukungan komunitasnya, dia merasa lebih kuat dari sebelumnya, siap untuk menyambut tantangan masa depan dengan tangan terbuka. Dengan tekad di hatinya dan visi yang jelas di depan mata, Lancar siap untuk melayani komunitasnya dan membuat perbedaan di dunia.

Adhipa Sang Raja Pejuang.

Akhirnya tiba hari di mana Lancar Bandjar Pandé-Ida-Bagus, keturunan dinasti Kediri tingkat pertama, diangkat sebagai Adhipati (Jav.: raja) dan satu-satunya pewaris dari Vishnuh-Genootschap. Nama 'Ida-Bagus' memiliki akar yang dalam yang kembali ke dinasti pendeta yang telah berkiprah sejak sekitar tahun 145 Masehi di Kepulauan Hindia. Dinasti pendeta, yang dikenal sebagai suku 'Ida-Bagus', telah lama memiliki pengaruh dan otoritas yang signifikan di Kepulauan Indonesia. Turun dari pemimpin spiritual yang dihormati dan dipuji karena kebijaksanaannya, Ida-Bagus tidak hanya merupakan penjaga tradisi keagamaan, tetapi juga memainkan peran penting dalam pemerintahan, mediasi, dan pelestarian warisan budaya.

Pohon keluarga mereka ditandai oleh keterikatan yang dalam dengan dunia spiritual, dengan ritual dan upacara yang erat terkait dalam kehidupan sehari-hari mereka. Sebagai penjaga pengetahuan suci dan pelindung tradisi kuno, Ida-Bagus sangat dihormati oleh komunitas yang mereka layani. Sepanjang sejarah, suku Ida-Bagus dihadapkan pada berbagai tantangan, termasuk invasi eksternal, penjajahan kolonial, dan modernisasi. Meskipun menghadapi tantangan ini, mereka tetap teguh dalam komitmen mereka untuk melestarikan identitas budaya dan warisan spiritual mereka.

Hari ini, nama 'Ida-Bagus' masih memanggil rasa hormat dan penghormatan, dan mewakili jalinan kaya tradisi, spiritualitas, dan ketahanan budaya yang bertahan dari generasi ke generasi.

Lancar Bandjar Pandé-Ida-Bagus tidak hanya diakui sebagai Adhipati, tetapi juga sebagai pemimpin spiritual dan pelindung dari Vishnuh-Genootschap, Sang Raja-Pejuang. Dengan penunjukan ini, datanglah tanggung jawab dan harapan yang besar, tetapi Lancar menerima perannya dengan tekad dan pengabdian. Ia melihat ini sebagai misinya untuk melestarikan dan menyebarkan kebijaksanaan dan tradisi kuno dari genootschap, serta untuk menjadi sumber inspirasi dan bimbingan bagi anggota komunitas.

Dinasti pendeta Ida-Bagus, tempat Lancar Bandjar Pandé-Ida-Bagus berasal, memiliki keterikatan mendalam dengan ajaran Vishnuh yang telah diikuti dengan teliti oleh generasi demi generasi. Nama "Ida" merujuk pada nenek moyang, istri Vishnuh, sedangkan "Bagus" berarti indah, tampan, jelas, atau bersih. Bersama-sama, nama-nama ini menghormati ideal spiritual dan estetika dari dinasti tersebut. Nama depan "Lancar" menambahkan makna lebih, karena berarti penyucian dalam bahasa Sansekerta dan merupakan nama umum dalam cerita rakyat serta sejarah keluarga dari kerajaan Hindu-Buddha dan Jawa yang pernah ada.

Sebagai penjaga kitab-kitab Vishnuh dan wakil dari generasi kedua belas Vishnuh-Genootschap, mereka menegakkan prinsip-prinsip yang berasal dari abad ketujuh dan kedelapan. Prinsip-prinsip ini, yang dijunjung dan dilindungi oleh generasi demi generasi, mencakup bukan hanya ajaran spiritual, tetapi juga norma sosial dan hukum yang mengikat dan melindungi komunitas.

Bagi dinasti Ida-Bagus, tidak ada bentuk peradilan lain selain yang dilakukan oleh komunitas itu sendiri, dan mereka berupaya untuk mempertahankan segalanya sebagaimana adanya, sesuai dengan tradisi dan nilai-nilai kuno yang mendefinisikan mereka.

Bagi Lancar, merupakan suatu kehormatan besar untuk melayani genootschap dan melindungi buku-buku serta budaya dari Vishnuh-Genootschap yang tidak beragama. Pada momen yang telah lama ditunggu ini, ia merasakan kepuasan mendalam dan tanggung jawab yang berat. Sebagai Overste dari genootschap, ia tidak hanya memikul tugas untuk menjaga warisan Vishnuh, tetapi juga untuk menjaga agar nilai-nilai dan prinsip-prinsipnya tetap hidup, seperti yang dilakukan oleh nenek moyangnya.

Dengan pengetahuan mendalam tentang ajaran tradisional dan wawasan spiritualnya, Lancar bertekad untuk memimpin Vishnuh-Genootschap menuju masa depan yang penuh pertumbuhan, harmoni, dan pemenuhan spiritual. Vishnuh-Genootschap melampaui batasan organisasi biasa; ini adalah komunitas orang-orang yang berusaha untuk pertumbuhan spiritual, berbagi pengetahuan, dan saling mendukung.

Sebagai Adhipati, ia akan berkomitmen untuk mempertahankan dan mempromosikan aspek-aspek penting dari genootschap ini, serta menginspirasi orang lain untuk melakukan hal yang sama. Lancar menantikan kolaborasi dengan sesama anggota dan semua yang terlibat dalam Vishnuh-Genootschap, untuk melanjutkan misinya dan memperkuat komunitas.

Dengan pengabdian, tekad, dan sejarah yang mendalam sebagai panduan, para anggota akan melestarikan warisan genootschap dan melindungi buku-buku serta budaya mereka untuk generasi mendatang. Warisannya menjadi inti dari genootschap dan merupakan tugasnya untuk menghormati dan melanjutkan visi nenek moyangnya. Ia berjanji dengan sungguh-sungguh untuk melakukan segalanya demi membela Vishnuh-Genootschap, jika suatu saat ada yang melukai salah satu anggota komunitasnya. Komitmen ini bukan hanya sebuah janji kepada anggota, tetapi juga kepada nilai-nilai komunitas kita.

Sebagai Overste, ia akan waspada dan melindungi genootschap dari segala bentuk ancaman. Ia tidak akan beristirahat sebelum keadilan terwujud dan kehormatan keluarganya dipulihkan. Saat ia pergi ke luar negeri untuk sebuah misi, anggotanya menunggu dengan setia dan penuh harapan pada hari kembalinya, mengetahui bahwa mereka bertekad untuk melindungi dan membela warisannya.

Dengan pengabdiannya kepada namanya dan janji akan keadilan, ia akan menjalankan perannya sebagai Hoofdoverste dengan tekad dan integritas. Semoga ia kembali dengan selamat ke dalam Vishnuh-Genootschap, dan semoga visinya serta kepemimpinannya terus menginspirasi anggota saat mereka mengangkat genootschap ke tingkat yang lebih tinggi.

Gilde Pejuang dari klan Neberoe selalu siap, siap untuk membela dan melindungi apa yang berharga bagi genootschap. Sebagai penjaga keadilan dan keamanan, para pejuangnya tidak akan beristirahat sampai setiap ancaman ditangkal dan setiap tantangan diatasi.

Dengan keteguhan di hati mereka dan keberanian di dalam jiwa mereka, anggota gilde pejuang membentuk sebuah benteng yang tak tergoyahkan dari kekuatan dan kesetiaan. Mereka adalah penjaga komunitas kami, siap untuk merespons setiap panggilan untuk bertindak dan membela kepentingan kami dengan keteguhan yang tak tergoyahkan.

Dari menjaga perbatasan kami hingga menegakkan ketertiban di dalam dinding kami, para pejuang kami berkomitmen untuk melayani perkumpulan kami dengan pengabdian tanpa pamrih. Kehadiran mereka merupakan jaminan menenangkan bagi kita semua, mengetahui bahwa mereka selalu siap untuk bertindak di saat-saat darurat.

Dengan gilde pejuang di sisi kami, kami dapat melihat masa depan dengan percaya diri, mengetahui bahwa komunitas kami aman di tangan mereka yang terampil. Pengabdian dan pengorbanan mereka menginspirasi kita semua dan mengingatkan kita bahwa kita kuat bersama, bersatu dalam upaya kami untuk perdamaian dan kesejahteraan bagi semua dalam perkumpulan kami.

Gilde Pejuang dari klan Neberoe selalu siap, bersedia untuk berkorban demi cucu dari dinasti Bolkiyah, Mataram, dan Ida-Bagus. Dengan tradisi yang sudah berusia berabad-abad dan warisan keberanian dan kesetiaan, para pejuang klan Neberoe membentuk perisai yang tak tergoyahkan untuk penguasa mereka dan dinastinya.

Didorong oleh komitmen yang mendalam terhadap kemuliaan asal usulnya, anggota Gilde Pejuang bertekad untuk bertarung hingga napas terakhir demi melindungi pemerintahan dan kehormatan klan mereka. Tidak ada tantangan yang terlalu besar, tidak ada bahaya yang terlalu menakutkan bagi para pejuang berani ini yang mengorbankan diri tanpa ragu demi kesejahteraan raja mereka dan kelanjutan dinastinya.

Di saat-saat perang dan kerusuhan, para pejuang klan Neberoe berdiri berdampingan, sebagai satu kesatuan yang tak terpisahkan, siap untuk menghadapi musuh raja mereka dan membela kerajaannya. Semangat mereka tak tergoyahkan, keberanian mereka tak terputus, dan kesetiaan mereka tak terbantahkan; mereka tidak akan pernah mundur di hadapan bahaya.

Semoga dinastinya hidup dalam kemuliaan dan kemakmuran, dilindungi oleh komitmen yang tak tergoyahkan dari Gilde Pejuang klan Neberoe, yang selalu siap untuk berkorban demi penguasa mereka dan warisan keturunan yang terkenal. Dengan komitmen yang mendalam terhadap raja mereka, melindungi warisannya dan membela komunitasnya, mereka bersatu sebagai satu entitas yang kuat.

Bersama-sama, mereka membentuk benteng tradisi, kebijaksanaan, dan kekuatan, siap untuk menghadapi tantangan masa depan dengan berani. Kesatuan dan keteguhan mereka menjamin pelestarian warisan keberanian, integritas, dan keadilan, yang akan hidup dalam generasi yang akan datang. Ikatan tak terpisahkan ini dan visi bersama mereka membawa janji bahwa nilai-nilai dan prinsip-prinsip mereka akan tetap kokoh, tidak peduli apa pun yang dibawa masa depan.

Semoga keterikatan mereka menjadi mercusuar harapan dan inspirasi, dan semoga komitmen bersama mereka terhadap cita-cita raja mereka menerangi jalan menuju masa depan yang gemilang.

Semoga usaha penguasa mereka ditandai dengan keteguhan dan keberanian, dan semoga masa depannya diterangi oleh cahaya warisannya.

Bersama-sama, mereka akan meraih kemenangan, dipandu oleh prinsip keadilan, kehormatan, dan saling mendukung, mendorong komunitas mereka menuju era kemakmuran dan perdamaian. Gilde

Pejuang dari klan Neberoe tetap teguh dalam komitmennya untuk melindungi penguasa dan dinastinya, bahkan di tengah ujian yang paling menantang.

Dengan sumpah setia mereka sebagai kompas, para pejuang ini bertekad untuk mengatasi setiap rintangan dan menghadapi setiap ancaman, semuanya demi menjamin stabilitas dan kemakmuran kerajaan mereka. Mereka tidak hanya menjadi penjaga masa kini, tetapi juga pelindung masa depan, pedang mereka terangkat demi kontinuitas dan harmoni.

DALAM AFTERMATH SETIAP kemenangan, Gilde Pejuang tetap rendah hati, menyadari bahwa kekuatan dan keteguhan mereka berasal dari tradisi pelayanan dan pengorbanan yang mendalam. Mereka membawa kemenangan mereka dengan kerendahan hati, menyadari tanggung jawab yang dibawa oleh posisi mereka.

Komitmen teguh mereka kepada penguasa, dinastinya, dan kesejahteraan komunitas yang mereka lindungi tetap tidak berubah. Mereka mengakui bahwa kekuatan sejati mereka tidak terletak pada kemuliaan kemenangan, tetapi pada kewajiban untuk melayani dan berkorban demi kebaikan yang lebih besar, selalu dengan kehormatan dan integritas sebagai panduan mereka, dengan Lancar sebagai komandan mereka.

Di bawah kepemimpinannya, mereka menemukan inspirasi dan arah, dengan ketajaman dan wawasan strategisnya membawa mereka menuju kemenangan berulang kali, tanpa kehilangan nilai-nilai inti kerendahan hati dan loyalitas.

Sementara dunia di sekitar mereka berubah, Gilde Pejuang tetap menjadi mercusuar stabilitas dan keamanan di masa ketidakpastian. Keteguhan mereka yang tak tergoyahkan dan pengorbanan yang tidak egois menginspirasi rasa hormat dan kekaguman, baik di dalam maupun di luar batas kerajaan.

Dengan setiap hari yang berlalu, para pejuang dari klan Neberoe terus melampaui diri mereka dalam keberanian, loyalitas, dan pengabdian. Mereka mewujudkan esensi pejuang sejati, yang kesediaannya untuk berkorban demi orang lain adalah kekuatan terbesar mereka.

Semoga Gilde Pejuang klan Neberoe selalu bersinar sebagai cahaya harapan dan perlindungan bagi penguasa mereka, dinastinya, dan komunitas yang mereka layani. Semoga warisannya hidup dalam hati mereka yang mengikutinya, dan semoga teladannya menginspirasi orang lain untuk berusaha menuju kebesaran dan pengabdian dalam segala hal yang mereka lakukan.

Dengan Gilde Pejuang di sisinya, kemuliaan Adhipati Lancar Ida-Bagus akan terus bersinar, dan kerajaannya (Genootschap Vishnuh) akan selamanya berkembang di bawah perlindungan komitmen tak tergoyahkan.

Kata Penutup.

Saat kita mengikuti perjalanan Lancar Bandjar Pandé-IdaBagus melalui halaman-halaman buku ini, kita telah mengintip kehidupan yang dipenuhi dengan tradisi, tanggung jawab, dan keteguhan.

Lancar, sebagai pewaris kebijaksanaan kuno dan penjaga Genootschap Vishnuh, telah memandu kita melalui dunia di mana warisan spiritual dan budaya bertemu dalam pencarian keadilan dan harmoni.

Semoga pelajaran yang telah diajarkan Lancar menginspirasi kita untuk berpegang teguh pada prinsip dan nilai-nilai kita sendiri, untuk berjuang demi keadilan dan kesetaraan, dan untuk terus percaya pada kekuatan keteguhan dan ketekunan, bahkan di saat-saat yang paling menantang.

Biarkan buku ini bukan hanya akhir dari sebuah cerita, tetapi awal dari wawasan, pemahaman, dan keterhubungan yang baru.

Karena sama seperti Lancar telah menemukan jalannya di tengah cobaan dan kemenangan, kita pun dapat membangun jalan kita sendiri menuju dunia yang lebih baik, dipandu oleh ideal-ideal cinta, kasih sayang, dan ketahanan.

Semoga warisan Lancar hidup dalam hati dan pikiran kita, dan semoga kita semua terinspirasi oleh teladannya dalam keberanian, keteguhan, dan cinta terhadap komunitas dan tradisinya.

Terima kasih telah berbagi perjalanan kehidupan ini.

Raja-Prajurit Vishnuh